中国父母
应该知道的

50个
日常生活好习惯

父母必读杂志社　编著

北京出版集团公司

北京出版社

图书在版编目（CIP）数据

中国父母应该知道的·50个日常生活好习惯 ／ 父母
必读杂志社编著. — 北京 ： 北京出版社，2017.3
ISBN 978-7-200-12960-1

Ⅰ．①中… Ⅱ．①父… Ⅲ．①习惯性—能力培养—儿
童教育—家庭教育 Ⅳ．①G782

中国版本图书馆CIP数据核字 (2017) 第081992号

中国父母应该知道的　50个日常生活好习惯
ZHONGGUO FUMU YINGGAI ZHIDAO DE　50 GE RICHANG
SHENGHUO HAO XIGUAN

父母必读杂志社　编著

*

北 京 出 版 集 团 公 司
北 京 出 版 社 出版
（北京北三环中路6号）
邮政编码：100120
网　　　址：ｗｗｗ．ｂｐｈ．ｃｏｍ．ｃｎ
北 京 出 版 集 团 公 司 总 发 行
新 华 书 店 经 销
北京市雅迪彩色印刷有限公司印刷

*

787毫米×1092毫米　16开本　6印张　103千字
2017年3月第1版　　2017年3月第1次印刷
ISBN 978-7-200-12960-1
定价：29.80 元
如有印装质量问题，由本社负责调换
质量监督电话：010－58572393

序言 | 良好的习惯是一生的财富

从道理上，大家似乎都知道，让孩子养成好习惯比让孩子取得一时的好成绩更重要。但知道是一回事，做到，是另一回事。

美国心理学杂志对"习惯"是这么定义的："习惯就是通过不断重复而形成的固定的行为方式，包括固定的思维、意愿和情感表达方式等。"由于习惯一旦形成就不太需要付出很大的意志努力，所以，在面临同样的情景或相似的情景时，习惯性行为常常会自动发生，也就是通常说的"不由自主"。

心理学研究发现，当某一行为被不断重复，就会达到自动的程度，这时习惯就形成了。每一个行为都与特定的神经通路有关。当某一行为经过很多次的重复练习，其对应的神经通路就会固定下来。神经通路一旦固定，那么，当相同或相似的刺激（情景）出现时，对应的自动化行为就会自然而然地发生。只要我们仔细观察，就会发现习惯性的动作具有无意识、自动化、反应快，而且不容易改变等特点。所以，运动员在训练时为了使一个动作定型，总是要成百上千次地重复练习。即所谓"冰冻三尺非一日之寒"。一个动作一旦定型就不容易改变。

可见，要形成一个习惯并不是容易的事，不是讲几次道理就可以形成的。一个行为或动作，重复的时间越长、次数越多，这个行为或动作就越固定，也就是习惯越牢固，越不容易改变。懂道理，加上成人的提醒，可以帮助孩子把被动的重复变为主动的重复，使习惯更容易养成。

从个体发展的角度看，孩子的年龄越小，其神经系统的可塑性也越大，其行为方式也越容易受外界的影响。换句话说，小孩子既容易养成好习惯，也容易养成坏习惯。正因为这样，良好习惯的培养要从小抓起，可以避免将来矫正坏习惯的烦恼。

那么，哪些习惯算是好习惯呢？又怎样从小培养孩子的这些好习惯呢？在《中国父母应该知道的·50 个日常生活好习惯》一书中，深入浅出又生动地给大家展示了各个好习惯的表现和培养方法。相信各位家长看完后一定会有很好的收获。

中国科学院心理研究所　研究员

目录

第一章

让孩子从小受欢迎

的 10 个习惯

1. 仪态优雅

你也许会说："孩子怎么坐、怎么站、怎么走路又不会影响别人，这些能有多重要呢？"事实上，孩子对他人的爱心和尊重，是要通过他的外表体现出来的。而孩子的姿态和动作，恰恰是他内心世界的反映。经过对孩子坐姿、站姿、行姿、穿衣和用餐习惯等方面的长期培养，均可让孩子养成仪态优雅的好习惯。

邻家妈妈的高招

豆豆从小就由爷爷、奶奶带。爷爷、奶奶自然对他十分宠爱，但在豆豆好习惯的养成上没有给予特别的注意。结果豆豆变得坐没坐姿、站没站姿，穿衣邋遢，吃饭的时候还喜欢吧唧嘴。豆豆妈妈发现豆豆这些不好的习惯之后，很认真地和爷爷、奶奶进行了交流，豆豆妈妈首先非常感谢爷爷、奶奶的辛勤付出，然后指出豆豆存在的问题。与此同时，豆豆妈妈也告诉豆豆衣着干净整洁的小朋友在幼儿园里会更受欢迎哦，爷爷、奶奶和豆豆立即认识到仪态优雅的重要性，并很快将不好的仪态习惯改正过来。

实用好方法：站

（1）让孩子在路上注意观察男女老少不同人走路姿势的特点，让孩子选出希望模仿的榜样和他认为不好看的代表姿势。

（2）可以用扮演小公主、小王子的游戏形式，让孩子头上顶着一本书或其他不易摔破的东西练习正确的走路姿势。

（3）孩子喜欢蹦蹦跳跳是很自然的事，但也应该让孩子明白，在某些正式场合，是应该有所注意和收敛的。

小贴士

站着的时候，身体是直的，头是正的，肩膀是平的。双手可以自然地背在后面，也可以轻轻握着放在前面，还可以放松地垂在两侧。如果两手叉腰，或者抱在胸前，别人会觉得你对他心有不满。走路和站着的时候一样，身体也应该又正，又直，又平，双手在身体两侧自然地前后摆动，这样会走得又轻快，又精神！

实用好方法：坐

（1）坐在椅子或者凳子上，让孩子注意身体挺直，头和肩膀平正，双腿自然地平放，或者靠在一起，双手放在腿上。

（2）在教室里，按照老师的要求坐。

实用好方法：穿

（1）可以在给孩子穿衣服的同时哼唱自编的穿衣儿歌；也可以和孩子做一些游戏，引导孩子模仿；还可以用和孩子比赛穿衣等方式激发孩子的兴趣。

（2）给小毛毛熊、芭比娃娃等玩具穿衣服都是让孩子练习穿衣服的好机会。

（3）让孩子自己练习穿衣服应该遵循由易到难的原则。套头衫、前后图案区别明显的衣服、大扣子的衣服都是好的选择。

（4）平时经常帮助孩子分析他自己以及其他小朋友的衣着颜色、图案和式样。跟孩子玩一些色彩搭配的游戏。对于他成功的搭配要热情地赞美；对于你认为不协调的搭配不要急于评论，最好通过他的小伙伴或周围人的评价让他知道。这样有利于提高孩子的审美能力。

（5）对于学龄前的孩子，应该告诉他基本的穿衣技巧：上衣，除了上面的第一个扣子以外，其他的扣子都应扣上；在教室和其他的公共场合，不能穿背心和拖鞋。

（6）脱套头衫时，教孩子先分别揪着袖口把两个袖子脱下来，然后两手伸到头的两侧向上托举将衣服脱下来。尽量避免反面向内脱下外套，这样做可以减少皮肤与衣物上灰尘、细菌的接触。

小贴士

　　孩子在服饰方面的审美能力，要靠日积月累的影响和培养，父母适当地给孩子机会去选择他们喜欢的衣着也很重要。两岁开始，让孩子自己穿衣服，他的动手能力、协调能力会得到大幅度提高。3 岁的时候，放手让他挑选自己想穿的衣服，他会意识到自己已经可以独立决断一些事了！慢慢地，孩子的思考能力、认知能力也就相应地得到了提高。

实用好方法：吃

　　（1）在快餐店用餐时，应先想好吃什么；排到的时候，尽快告诉点餐的服务员；面对递出餐盘的服务员，应说"谢谢"。快餐店里人很多，有时需要和陌生人共用一张桌子，这时应先问："您好，请问这个位子有人吗？"确定没有人才可以坐下来。

　　（2）吃自助餐时，首先要记住吃多少拿多少。每次最好都能把盘子里的东西吃干净。即使是孩子最爱吃的菜，每次也应只取少量。如果盘子盛得过满，既易洒落，又有可能吃不完。

　　（3）吃西餐时，面包要掰着吃，吃多少就掰下来多少，不要多掰，更不能抱着面包啃。

　　（4）家里请客时，可以提醒孩子注意以下几件事。

　　● 要等客人都围坐在桌边，长辈先动了筷子，才可以开始吃。

　　● 夹靠近自己的菜，够不到的菜可以请爸爸、妈妈帮着夹。

　　● 要咳嗽或者打喷嚏，得先用餐巾纸捂住嘴，转过脸去，千万不能对着桌子喷，否则会使桌上的菜溅上污物。

　　● 自己吃完以后，要跟还在吃饭的大人打过招呼再离开餐桌。

2. 干净整洁

　　父母都不愿意孩子因为抠鼻子、咬指甲等坏习惯在身体健康或人际交往方面吃苦头。从小培养孩子良好的卫生习惯，能让孩子受益无穷。

邻家妈妈的高招

　　明明每天在幼儿园睡午觉的时候，一脱掉鞋子，旁边的小朋友就会捂起鼻子，老师也每次都提醒明明要勤换袜子，但是明明总是忘记，妈妈工作忙也顾不上督促。老师对明明说，如果妈妈工作忙你可以提醒妈妈呀！明明记住了老师的话，每天晚上睡觉前都向妈妈要来干净的袜子放在小床边。就这样，明明通过自己的努力，每天都让自己穿上干净的小袜子，非常开心。

实用好方法

　　（1）告诉孩子不要挖鼻孔或在公共场合掏耳朵。

　　（2）教会孩子打喷嚏、咳嗽时要用手绢、纸巾或用手遮住口鼻。

　　（3）告诉孩子饭后要漱口。

　　（4）让孩子饭前、便后都洗手。

　　（5）让孩子不和别人共用杯子、毛巾、牙刷。

　　（6）外出回家后督促孩子将外衣脱掉，换上家里穿的衣服。

3. 多微笑

微笑是一个友好的信号，能超越语言、国界和种族，能够高效地传达积极的信息。几乎在世界上所有的地方，微笑都表示"你好"。一个人的微笑常能为他带来比语言更有效的交流。

经典镜头

微笑也是一种习惯，如果仔细观察一个孩子，你会发现孩子与父母的表情非常相似。很多时候，孩子之所以看起来像父母，并不是因为长相相似，而是神情相似。妈妈喜欢皱眉，孩子一般也经常皱眉；爸爸喜欢微笑，孩子也一定爱微笑。父母平日里自然地和别人打招呼或者微笑，孩子也会学着那样做；父母见人时总是面无表情，孩子也会慢慢变得见人没有反应。

邻家妈妈的高招

绒绒妈妈教给绒绒一个缓解不良情绪的办法：生气时就对着镜子微笑。绒绒照着妈妈的话试了一下，真的很有效果。有一次妈妈自己因为一点儿小事生起了气，绒绒一本正经地对妈妈说："妈妈，我教您一个不生气的好办法——对着镜子微笑。"妈妈简直不敢相信，孩子居然能用妈妈只说过一次的话反过来开导妈妈。看来，微笑这招儿对绒绒和妈妈的交流确实起了促进作用。

实用好方法

（1）引导孩子想一想都喜欢谁？喜欢的人当中谁爱微笑，谁不爱微笑？喜欢的人当中，爱微笑的人多还是不爱微笑的人多？

（2）让孩子说一说喜欢的卡通形象有哪些？看看它们中微笑的多还是不微笑的多？还可以设想一下，如果米老鼠、史努比不是笑眯眯的，大家还会喜欢它们吗？

（3）注意记住细节，父母用自己的亲身经历随时提醒孩子微笑的重要性。

4. 记住别人的名字

如果一个人只见过你一次，第二次见面时脱口叫出你的名字，你是否会有一种受重视的感觉？从小培养孩子记住别人名字的习惯，有利于让孩子更加仔细地观察周围的人和事，锻炼孩子的辨识能力，为孩子将来建立良好的人际关系起到促进作用。

邻家妈妈的高招

4 岁的宁宁上幼儿园中班了，幼儿园开学的第一天，妈妈对宁宁说："今天至少记住 3 位和你说过话的小朋友的名字，回来告诉妈妈好不好？如果记住超过 3 位，回家就可以多看 15 分钟动画片。"这天回家，宁宁记住了 4 位小朋友的名字，妈妈奖励他多看了一集《米奇妙妙屋》。这个小游戏慢慢扩展到幼儿园以外，对于家里来的客人，路上碰到的熟人，只要有机会宁宁都会仔细观察这些人，向爸爸、妈妈询问对方的姓名，并在下次遇见时主动打招呼。

实用好方法

（1）学龄前的孩子只能记音而无法记文字，开始时父母可以利用谐音、联想等有趣的方式引导孩子记忆，经验多了之后，说不定孩子会形成独特的"联想记忆法"呢！

（2）对于人物的特征，妈妈可以先从孩子感兴趣的动画人物入手，教孩子辨别和挖掘人物特征的方法。

（3）孩子记住一些名字，父母还要教会孩子适当的社交礼仪，比如见到长辈不能直呼其名，姓氏之后要加"叔叔""阿姨"等相应的称呼。

5. 不随便议论别人

　　生活中信口开河的人很多，这样的人，他的诚信度要被打折扣。能够做到不随便评价不了解的人或事很不容易，这能体现一个人的修养水平。学龄前阶段是锻炼孩子交流能力的重要时期，父母应尽力给孩子创造更多的交流机会，最大限度地鼓励孩子表达，但是，还应让孩子从小懂得一定的交流原则，这样才能让孩子更好地进步成长。

邻家妈妈的高招

　　豆豆 5 岁了，对周围的人和事开始有了自己的看法，妈妈为此很高兴。但是这两次到姥爷家，姥爷发现豆豆常常凭着一知半解对周围的人和事胡乱评价，很多次因为话说得不合适让大家很尴尬。姥爷提醒妈妈说：虽然学龄前是锻炼孩子交流能力的关键时期，但还是应该通过具体的交流事例来进行适当引导，让孩子懂得一定的交流原则。经过姥爷提醒，妈妈更用心地倾听孩子的话，遇到需要引导的话题，和孩子一起讨论，启发孩子理解每个人生活的环境是不同的，孩子看到的仅仅是一个侧面。

实用好方法

　　（1）简单地阻止孩子对事物和其他人的看法，不利于让他养成良好的交流习惯。在家里要给孩子留出一定的空间，让孩子畅所欲言。但针对孩子对他人的负面评价需要给予适当的引导，提示孩子多找别人的优点，学会换位思考，理解并尊重他人。

　　（2）利用孩子日常遇到的具体事例，告诉孩子每一个人都有可能犯错误，在不了解实际情况前，不要轻易地议论别人。

　　（3）父母以身作则，不随便在孩子面前议论别人的短处，并向孩子强调这个原则。

　　（4）一般孩子 5 岁半左右开始评价周围的事物。一旦你发现孩子会议论别人了，这就意味着你已经可以教孩子一定的评价人和事的方法了。

6. 遵守时间

中国的高速铁路正以日新月异的速度发展，高速、准点、干净是中国高铁的显著特色。高铁的到来，让普通大众的生活变得更为便捷和高效。其中，人们对高效的最大感受就是高速铁路的准点性，让人们能更加合理地安排出行时间，从而提高整个社会的效率。

经典镜头

迪士尼冰上舞蹈团队来中国巡演了，一看到宣传广告，玲玲就央求妈妈带她去看，妈妈答应了。但是玲玲爱磨蹭，眼看出发时间到了，玲玲非要背带有白雪公主图案的小背包，吵着让妈妈帮她找。好不容易赶到演出现场，玲玲错过了开头的几个最喜欢的卡通人物的节目。

邻家妈妈的高招

4 岁的清清还没有完全理解时间概念，并不觉得 9 点半才到幼儿园有什么不对。为了让孩子在心中建立相应的时间观念，妈妈开始有意训练孩子从简单的家务活入手来理解时间概念。先让她承担测算时间的任务。比如蒸蛋羹要 10 分钟，妈妈就把表拿到她面前，教她认表，然后让她帮忙盯着时间。当幼儿园有特殊活动需要早起早到时，妈妈也教孩子学会自己定闹钟，让她听到铃响就自己起床。

实用好方法

（1）可以先和孩子一起制定一份家庭作息时间表。制定时间表时千万要切合实际，而且要分阶段，孩子做到一项后，再逐渐地加其他项目。

（2）要根据实际情况适当地调整时间表。比如最近孩子总是赖床，就只规定睡觉和起床的时间，其他方面可以稍微放松，等到孩子有了规律的睡眠，再调整其他作息时间。

（3）周六、周日可以让孩子学着自己来安排时间。但不要将孩子的作息时间规定得过于死板，否则孩子很难坚持下来。可以先找出一两个时间段做尝试。

（4）日常生活中多找一些锻炼孩子遵守时间的机会。比如，让孩子打电话和小朋友约定周末一起玩的时间。

（5）与人约定好时间，一般应早到三五分钟。但没有特殊情况，也不要去得太早，否则会让对方措手不及，这也是一种不守时的表现。

（6）外出旅行是培养孩子守时习惯的大好时机。如果孩子拖拉延误了车船，孩子由此能切身体会到不遵守时间，火车、飞机是不等人的。

（7）可以有意安排孩子体会因别人不守时而让他苦苦等待的滋味，这样孩子会理解如果自己不守时也会给他人带来麻烦。

（8）父母要为孩子树立守时的榜样。平时答应孩子什么时间做什么，尽量准时去做。如果遇到特殊情况，需要延期或改变时间，一定要提前打招呼，向孩子说明原因并道歉。

7. 不乱动别人的东西

如果一个成年人乱动别人的东西，就会让人怀疑他是否具备诚信的品质。教孩子不乱动别人的东西，让孩子分清自己和别人的关系，将有利于孩子的社会发展。

经典镜头

几年前，有媒体曾报道过这样一则招聘案例。北京一家待遇优厚的外资企业招聘，几个条件很好的年轻人过五关斩六将，冲到了最后一关——总经理面试。面试被安排在总经理的办公室，大家落座后，总经理接了个电话说："很抱歉，我有点儿急事，要出去 10 分钟，你们能不能等我一会儿？"这些人都回答："没关系，我们等您。"总经理离开了房间，几个年轻人开始东张西望。他们看到桌上有很多文件、信和资料，就都走过去翻看。10 分钟后，总经理回来了，一进门就宣布："面试结束，你们可以走了。"应聘的年轻人面面相觑。总经理说："乱翻别人东西、不拘小节，这在很大程度上反映了一个人是否具备诚信的品质，本公司不希望聘用这样的职员。"

邻家妈妈的高招

妈妈带妮妮回奶奶家。妮妮刚会走路，又到了新的环境，觉得一切都很新鲜，尤其对抽屉感兴趣，开始挨个儿去拉抽屉。妈妈立即严肃地告诉孩子："不能动奶奶的东西。"妮妮虽然并不明白这个问题的重要性，但看着妈妈严肃而坚决的表情，明白了乱拉抽屉这件事情是不好的。虽然奶奶一再强调自家人不必拘礼，但是妈妈仍然坚持。妮妮 4 岁时，跟妈妈到一位阿姨家参加聚会，那天一共来了 3 位小朋友，孩子们玩儿得撒了欢，只有妮妮养成了不乱动家里的物品及抽屉的好习惯。

实用好方法

（1）从家里亲人的小圈子开始，逐步引导孩子分清哪些是可以自由探索的，哪些是属于别人的不能乱动的东西。

（2）充分考虑到孩子喜欢探索的心理，在家里给孩子划定可以自由探索的柜子、抽屉或书包等。

8. 遵守公共秩序

"没有规矩，不成方圆"。这句老话反映出中华民族自古就十分注重规矩、秩序。德国人遵守秩序也是很有名的。比如德国人吃饭讲究各道菜之间的顺序，先吃沙拉，后吃主菜，再吃水果，不能乱。正是这些无所不在的小秩序，组成了德国民族、社会的大秩序，使这个国家具有了超常的高效率，这也正是德国为什么能在第二次世界大战后从废墟上迅速崛起的重要原因。

公共秩序有非常丰富的含义，它绝不仅仅是一个排队的简单问题，而是人们生活环境质量的重要保障。是否遵守秩序是衡量一个人的综合素质的标准，也是一个国家综合素质的体现。

经典镜头

很多年前的一个晚上，中国国际广播电台门前的车已经很少了，人行横道上的交通灯显示红灯时，行人毫无顾忌地穿行，这时只有两个人站在信号灯下耐心地等待。绿灯亮了，后面过来的国际广播电台的工作人员惊讶地发现那两位竟然都是本单位的外国专家，一位是日本人，一位是英国人。后来，这件事引发了一场关于教育话题的热烈讨论。

邻家妈妈的高招

明明妈妈认为在孩子第一次碰到需要遵守秩序的场景时，父母就应清楚地告诉孩子这种秩序的含义以及应该遵守的理由，孩子一般是不会有抵触情绪的，但让明明妈妈为难的是周围环境的负面影响。比如今天明明回家告诉妈妈说：孩子们玩藏猫猫游戏的时候，被分派找人的小朋友在捂着眼睛的时候，手指间偷偷地留出一条缝儿，以便看见别人藏

在哪里。妈妈明白孩子希望在游戏中获胜的心理，但认为这样不妥。妈妈找到了幼儿园的班主任老师，和老师一同商讨对策。老师特地为此设计了一些情景故事，让孩子们就藏猫猫的话题进行讨论。讨论使孩子们之间形成了提倡遵守游戏规则的积极氛围。

实用好方法

让孩子明白需要遵守各种公共秩序，父母的言传身教最重要。

（1）公共场所的秩序。在乘坐公交车、地铁、火车、轮船、飞机等交通工具时，告诉孩子要先下后上，不能穿着鞋子踩踏座椅，不能跑来跑去，不能大声喧哗。在图书馆、美术馆、剧场、电影院、书店等场所，要保持安静并遵守相关规定。在人多拥挤的地方，为保证自身安全要紧跟着父母，并遵从现场管理人员的指挥。

（2）公共卫生的秩序。流行病多发季节，尽量少带孩子到人多拥挤的公共场所；自己或孩子生病时也要尽量少去公共场所，以免传染给他人。很多流行性疾病在孩子之间的交叉感染非常严重，如果孩子从小就懂得自我防护，遇到生病的孩子主动远离，也能避免生病的痛苦。

（3）游戏的秩序。游戏是孩子对现实生活的模拟，游戏中的很多规则也就好比实际生活中的秩序，让孩子从小在快乐的游戏中懂得遵守游戏规则，将对孩子养成遵守公共秩序的良好习惯产生积极的影响。

（4）养宠物的秩序。常有媒体报道因饲养宠物而引起的官司，一般是因为大家对饲养宠物的条例不清楚而造成的。在很多国家饲养宠物都要遵守相关规定，其中对每天遛狗的时间、地点都有约束，以保证宠物不对他人造成影响。国外很多家庭还会把宠物送到专门的训练学校，以适应人类社会的一些规则，如教它们认识红绿灯、不抢行、不乱叫、不咬伤人等。

9. 有一双勤快的小手

　　美国儿科专家詹姆斯博士有一段对家长的著名忠告："依赖本身就滋生懒惰、精神松懈、懒于独立思考、易为他人左右等弱点。处处对孩子包办、代替，这不是在爱孩子，而是在害孩子。"一些西方国家的法律甚至明确规定了孩子有做家务的义务。在中国，从小培养孩子有一双勤快的小手也同样重要。

经典镜头

　　娇娇的妈妈非常溺爱女儿，从来不让女儿做任何家务。娇娇长大后不仅不会做家务，也不懂得体贴、关心他人。娇娇为此遭遇了比一般人更多的挫折，娇娇经常感叹说："我的亲身经历让我深刻地体会到，父母对子女最大的爱护和关怀，就是教会子女基本的生活技能。"

实用好方法

（1）人们评价现在的独生子女时，常认为他们依赖性强、懒惰、自私的弱点比较突出。父母经常把孩子的"懒"归罪于他们的天性，但仔细想想，其实，很多时候造成孩子"懒"的原因都在父母身上。

（2）要分析孩子懒惰的原因，有的是因为意志力不够，有的是因为畏惧困难，还有的是因为习惯了父母的照顾，可以针对这些原因找出有效的措施。

（3）让孩子从小参与一定的家务劳动，将使孩子学会简单的统筹方法——如何同时做两三件事而不手忙脚乱，从而提高效率，孩子将来做其他事情也更有计划性。参与家务劳动还能让孩子对自己、对家庭有责任意识，进而促使孩子逐渐建立起对整个社会的责任感，这能促使孩子成为一名合格的"社会人"。

（4）孩子对劳动有兴趣的时候一定放手让孩子干，而且要想办法使劳动变得有趣。

（5）在教孩子学做家务劳动时，家长千万不要疏忽教孩子具体的方法步骤及注意事项，并注意做好示范，让孩子观察正确的做法，使其较快地掌握要领。这样才能避免孩子因多次失败而失去劳动的积极性。

（6）针对意志力较弱的孩子要时常做一些专门的训练，比如和孩子一起用筷子比赛夹豆子，看谁能够将一个动作坚持较长时间等。还要注意培养孩子的独立能力，实际上孩子天生有较强的适应周围环境的能力，父母包办得少了，孩子的独立能力就会增强。

（7）孩子主动帮助做事情时，适当地鼓励、表扬，能增加孩子做家务的兴趣。父母还应经常感谢孩子为家庭做出的小贡献，让孩子感觉他的存在和付出的劳动对家庭很重要。

（8）注意不要将劳动变为惩罚的一种手段。在家里父母往往不太看重孩子的劳动，不能及时地表扬，所以孩子就表现得不积极了。想办法让孩子真正将勤劳的习惯内化，孩子才能成为一个勤快的、受人欢迎的人。

10. 不拿别人的东西

如果说乱翻别人的东西是一种很失礼的行为，会引起别人的反感，那么随便拿别人的东西则会被视为"抢"或"偷"。虽然我们不能贸然给孩子贴这样的标签，但小时候的经历，往往会影响孩子今后的发展。

经典镜头

刚会走路的小小看上了鹏鹏哥哥手中的红汽车，冲上去就从鹏鹏手里把车抢过来，鹏鹏气得大哭。鹏鹏妈妈劝鹏鹏要让着小弟弟，鹏鹏根本不听。小小爸爸也要求小小把汽车还给哥哥，小小也不干。

邻家妈妈的高招

扬扬妈妈认为孩子拿别人的东西时一定要先弄清楚原因，再下结论。她发现自己

4岁的孩子有时会把误认为是自己的东西拿回家，比如手绢、玩具或书等。如果是这样，父母应该把孩子自己的东西找出来让他看，让孩子明白他拿的是别人的东西，不是自己的。然后，说服孩子向别人道歉，并还给人家。如果孩子明知道不是自己的，但是出于喜欢、好奇的心理拿了别人的东西，妈妈应该非常严肃地告诉孩子这样做是非常不对的。不能随便拿别人的东西，想要别人的东西一定要得到别人的允许。

实用好方法

（1）当孩子第一次出现拿或抢的行为时，注意力往往都集中在物品上，而不去理会被拿、被抢一方的感受。这时父母应把孩子的注意力从物品转移到对方的感受上，问问孩子："鹏鹏怎么哭了？""小小有什么办法让鹏鹏不哭吗？"也许孩子在想出解决方案的同时，就会渐渐意识到，物品有"所有权"和"使用权"的问题。父母也很容易用夸奖孩子积极行为的方式来结束这场纠纷。

（2）父母不要用"抢"的方式来对付孩子最初的"抢"，因为这样孩子虽有被抢的体验，但同时也记住了父母在特殊情绪状态下的行为模式。以后，他再"抢"，可能就是对父母行为的模仿。

（3）为了防止孩子拿别人的东西，父母首先要以身作则。如果父母平时爱占小便宜，买菜时多"拿"几根葱，或把单位的公物顺手牵羊带回家，这样会给孩子带来负面的影响。

（4）通过日常生活中的具体事例让孩子明白不是"我想要"的东西就可以随便拿走，教会孩子区分"我的"和"他人的"这一界限。

（5）如果孩子拿了别人的东西，非常喜欢并很想拥有它，父母该怎样应对呢？父母应明确态度，让孩子道歉后物归原主。如果这件东西对孩子有用，价格又可以接受，可以考虑在适当的时候买给孩子。如果价格太贵，不妨明确告诉孩子："这件东西我们现在买不起。"让孩子体验"力所不及"也是一种收获。

第二章

培养孩子从小高效能

的 9 个习惯

11. 重要的事先做

《高效能人士的 7 个习惯》的作者史蒂芬 · 柯维在《高效能人士的 7 个习惯》这本书之后又完成了一部力作，这部书叫作《要事第一》。柯维教授介绍说，他访问了很多成功人士，包括微软前总裁比尔 · 盖茨，"重要的事先做"是他们一致的原则。

经典镜头

陶陶每次出门，妈妈都要催个不停，因为他总有许多"重要的事"没做。一次去郊区游玩，妈妈让陶陶自己收拾东西，并叮嘱他别忘了带上单反相机。陶陶寻寻觅觅忙了一个早晨，面包、饮料、小手枪……吃的、玩儿的塞了满满一书包。妈妈催了好几次，他才拿着一只弹力球急匆匆地冲出了家门。郊区的景色真美，陶陶发现树上有一只漂亮的小鸟，非常想把它拍下来，结果发现单反相机忘在了家里……

邻家妈妈的高招

其实陶陶妈妈早就发现了陶陶做事不分轻重缓急的问题，单反相机被陶陶落在床上，她也看在了眼里，她想借此机会教育一下陶陶。等到陶陶抓耳挠腮地埋怨自己时，妈妈才从手提袋中拿出了单反相机。妈妈告诉他，对于郊游，单反相机与弹力球、小手枪相比，是更重要的东西，应最先放进书包里。做事前应先给要做的事排排队，把最重要的挑出来，在第一时间完成，就可以让生活减少许多遗憾。

实用好方法

（1）孩子要玩彩泥了，是不是要先把桌子擦干净？经常给孩子一些这样的小事来判断，会帮助他们建立起秩序感。

（2）经常让孩子为要做的事情排排小计划，根据"重要的事先做"的原则帮他调整计划。

（3）家长还可以找机会结合日常生活的小事，把自己安排事情主次顺序的思路，以及这样安排的具体原因与孩子交流，孩子就会逐渐领悟到"重要的事先做"的意义。

12. 不拖延

如果孩子养成了拖延的坏习惯，在未来的生活、工作中，本来很简单的事会因累积起来变成沉重的负担，压得他喘不过气来，他也很难会有时间去放松心情。

经典镜头

浩浩 4 岁了，是个典型的慢性子，穿衣服、吃饭、收玩具，每件事都磨磨蹭蹭的。这让手脚麻利的浩浩妈很着急。浩浩妈妈为此给他讲道理，甚至大发雷霆，可他还是不紧不慢的，有时还顶嘴，浩浩妈妈是又急又气。有什么高招能让孩子不再磨蹭吗？

邻家妈妈的高招

杰杰妈妈调到了新部门，加班的时间比以前多了。这阵子妈妈忽然发现 4 岁半的杰杰每天早上出门前总是慢吞吞的，无论怎么催促，他常常像没听见一样。通过交流，杰杰妈妈才知道，原来最近一段时间由于工作忙，对孩子的关心少了，杰杰觉得自己受到了忽略，才故意磨蹭，想让爸爸、妈妈多花点儿时间来陪伴自己。从此，每天早上妈妈总会多花几分钟和杰杰说说话，抱抱他，让他每天都有一个愉快的开始。

实用好方法

（1）孩子刚开始自己安排时间的时候总会出一些乱子，比如做不完事情，做事时间拖得太长，耽误一些事情，等等。其实，这是很自然的。

（2）父母一定要时刻注意自己首先做事不拖延，这样才有资格督促孩子。

（3）孩子对他喜欢做的事情一般都不磨蹭，有时甚至等不及，而对大多数必须做却没什么意思的事情才会拖延。不妨多引导孩子从要做的事情中挖掘出一些有趣的点，激发他的兴趣。

（4）孩子磨蹭的原因很多，弄清楚孩子磨蹭背后的原因，再采取相应的对策，才会更加有效。

（5）6 岁以内的孩子其时间概念还很模糊，可以和孩子多做一些时间估算的游戏，让孩子对时间的长度有基本的概念，也会让孩子的磨蹭行为有所改观。

（6）对于那些没有意识到做事要负责任的孩子，父母不妨让他尝一尝迟到了或误事受批评的滋味。

（7）对那些试图通过磨蹭来延长与父母相处时间的孩子，最好的办法就是多留出一些时间和他亲密共处。

（8）有时，孩子是"需要"磨蹭的。在幻想世界中，孩子的思绪在自由飞翔。对于这种情况，父母应当给予理解和适当宽容，还可以和孩子聊聊他心中的那个世界，再找到契机引导他回到现实，这也许并不比盲目催促多花时间，但却可以让孩子和父母都快乐。

13. 善用零散时间

我们听过无数名言强调时间的宝贵。达尔文说："我从来不认为半小时是微不足道的一段时间。"爱迪生常对助手说："人生太短暂了，太短暂了，要节省时间，多做事情啊！""浪费，最大的浪费莫过于浪费时间了。"

邻家妈妈的高招

3 岁的朵朵上幼儿园了，幼儿园离家很远，每天妈妈都要开车接送。因为开车时妈妈无法照顾孩子，所以一开始就让朵朵养成了一个好习惯：利用在车上的时间听古诗和故事。就这样一年下来，妈妈惊奇地发现：孩子可以把所有听过的古诗和故事都倒背如流。这也让邻居乐乐妈妈很羡慕，问朵朵每天花多少时间背诵。妈妈说："我们整块的时间都是去户外活动，只是用零碎的时间来听一些古诗。"

实用好方法

（1）经常帮助孩子找找生活中能够利用的零散时间，这是养成高效能习惯的出发点。指导孩子从这些地方珍惜时间，孩子就会成为时间的"富人"，从而更多地做他更想做的事。

（2）对于孩子来说，形成时间概念需要一个较长的过程，要想让孩子从小养成珍惜时间的习惯，可以从生活小事或者他感兴趣的事情入手。

（3）指导孩子在不高兴的时候迅速调节自己的心情。教会孩子在心情低落的时间里做能让自己开心并有益的事情，比如做喜欢的游戏、听喜欢的歌曲等。

（4）指导孩子安排利用好整块的时间，如休息日、从放学到睡觉的时间段。

> **小贴士**
>
> 父母首先要让孩子自己制定目标，让孩子在达到目标的过程中养成珍惜时间的习惯。需要注意的是，让孩子从自己感兴趣的事情入手是养成善用零散时间习惯的捷径，如果所有的目标或者愿望都是父母提出的，就很难让孩子养成珍惜时间的良好习惯。

14. 及时归位

　　国际著名的蒙氏教育理论很受家长认同，它的重点就是强调尊重孩子的自由，但同时蒙氏理论也制定了一些基本规则需要孩子认真遵循。其中之一就是"归位"，落实到孩子的日常生活中也就是"用过的东西放回原处"。很多成年人的房间、办公室一片混乱，他们常会因为出门之前找不到钥匙而耽误了工作，也可能因为找不到重要的文件而失去很多在上司面前展现自己的机会……所以，养成及时归位的好习惯，会让孩子一生受益。

经典镜头

　　明明在家里常把玩具、图书、零食随处放置，阿姨一天到晚跟在他身后，不停地整理。明明的这个坏习惯也带到了幼儿园、超市、图书馆，凡是明明动过的地方，常是乱糟糟的。为此明明没少受超市营业员、图书管理员的批评。有一次幼儿园家长会，明明妈妈被老师留下来谈了这个问题，妈妈向老师道歉并答应以后对明明加强这方面的教育。

实用好方法

　　（1）家里的物品要摆放整齐，东西放得要有规律。父母首先以身作则，把自己的物品随时收拾整齐，这是要求孩子不乱放的前提。

　　（2）通过一些游戏让孩子清楚地认识到每个物品都有自己的"家"。

　　（3）每种活动结束后，让孩子把正在玩或用的东西收拾好，和孩子一起把物品放回去。

　　（4）留一点儿时间和孩子一起欣赏物品整齐的感觉。

　　（5）无论是孩子的玩具还是学习、生活用品，家长都应该适度给予。给予得过多，孩子就不会珍惜，也不利于培养归位的习惯。

　　（6）当孩子随手乱放自己喜欢的东西时，父母可以先把东西收起来，让孩子体会到因随手乱放而失去物品的心情，抓住机会提醒孩子注意。

15. 做事用脑，不只用手

做事讲求方法，不蛮干，找到窍门，就能事半功倍。著名作家、评论家和历史学家李敖知识渊博，这与他精于卖书，善于用书有很大的关系。孩子年龄小、经验少，提醒孩子遇到不好解决的问题不要急于下手，动动脑筋想一想还有没有其他好办法，可以逐步让孩子明白方法的重要性。

邻家妈妈的高招

5 岁的巍巍是一个做事积极主动的小男孩。妈妈总是通过日常生活中的小事引导巍巍，做事之前总让他先动动脑筋，想一想更好的方法。国庆节长假，巍巍一家准备外出旅行。这一次妈妈找好要带的东西后，让巍巍自己装自己的小背包。但在装的过程中，巍巍发现有很多需要的东西放不进去。于是，妈妈告诉巍巍："咱们把所有东西都摆放在床上，先把最需要的物品放在手边，然后，根据背包的大小，把相比之下不是经常用的、大件的东西先放进包里，然后再将重要的东西放进去，最后把常用的和小件的放在外侧。这样一来，找什么东西也会很方便。"

实用好方法

（1）在发现孩子做事毛毛躁躁的时候，有必要引导孩子养成不着急、思考好方法的习惯。

（2）从孩子穿衣服、装背包等生活细节入手，耐心引导，慢慢地孩子就会将这种意识带到其他的事情中。孩子有了做事讲求方法的意识，将会在今后的学习、工作中受益无穷。

（3）比较解决同一个问题时不同解决方案的效率，也是比较有效的引导方法。

16. 专注专心

100 年多年前，波兰有个叫玛丽亚的小姑娘，学习非常专心。不管周围怎么吵，都分散不了她的注意力。一次，玛丽亚在做功课，她的姐姐和同学在她面前唱歌、跳舞、做游戏，玛丽亚就像没看见一样。姐姐和同学想试探她一下，就悄悄地在玛丽亚身后搭起几张凳子，只要玛丽亚一动，凳子就会倒下来。时间一分一秒地过去了，玛丽亚读完了一本书，凳子仍然竖在那儿。

邻家妈妈的高招

有了遥遥以后，妈妈就非常注意培养孩子专心的习惯。一般来说，孩子能够专注的时间是非常有限的，但是孩子对自己感兴趣的事专注的时间却可以长一些。于是，妈妈就从遥遥感兴趣的画画儿、拼图等游戏开始，逐渐引导遥遥更长时间地专心投入一项游戏。在孩子玩自己喜欢的游戏时，妈妈要给孩子一个相对安静的环境，尽量少打扰她。

实用好方法

（1）怎样才能让孩子专注呢？最关键是挖掘孩子的兴趣所在，从孩子感兴趣的活动入手，引导孩子坚持得长久些。

（2）很多时候孩子不专注往往是父母造成的，父母没有给孩子提供一个可以让他专注的环境，甚至无意识地干扰孩子。

（3）如果已经发现孩子有不专心的倾向，父母不能流露出急躁的情绪，而要用孩子能接受的方式告诉他，并让他明白必要时父母将会和他共同努力。

（4）发现了孩子的进步，立即用孩子喜欢的方式对孩子进行表扬。

（5）可以尝试下面一些具体的练习方法。

● 当孩子认识了自己的名字后，让他在报纸上找一找有没有自己名字里的字，还可以跟孩子比赛，看谁找得多。

● 在马路上数一数和自己穿一样颜色衣服的人。

● 孩子做游戏时，为他提供一个安静的环境。

17. 做事有始有终

对于做事有头没尾、有始无终的人，有一幅很形象的漫画，画中人挖了无数的水井，都没挖到底，他也永远喝不到水。这样做事总是半途而废的人，人们是不敢把重要的任务交给他的。所以父母要从小引导孩子做事情有始有终。

邻家妈妈的高招

一次幼儿园开家长会，明明妈妈听到旁边的家长抱怨："我家的辉辉并不比别的孩子笨，就是没耐性，做事总是虎头蛇尾，半途而废。"妈妈觉得明明也有同样的问题，于是开始想办法，注意帮明明改掉这个坏习惯。妈妈总是让明明完成了一个活动再开始做下一个活动，对已经开始进行的事要有个了结。

实用好方法

（1）家长不应该掌握好事情的难度和时间要求，不能任凭家长兴之所至就要求孩子完成某件事情。如果要求孩子坚持某种活动的时间过长，或难度过大，都容易让孩子半途而废。

（2）事前与孩子交流、协商，制定合理的目标，当孩子不肯完成时不能轻率迁就，应仔细分析孩子想要放弃的原因。父母切忌批评唠叨，更不要讽刺、挖苦，这样做很容易使孩子产生逆反心理。

（3）细心观察孩子做事的速度和进步，当他遇到困难时予以适当的帮助，对于他的点滴进步及时予以鼓励、表扬，使他快乐而自信地坚持完成任务。

（4）让孩子做事有始有终其实也是对其自制能力的培养。由于孩子年龄小，注意力不稳定、自制力较差，做事往往有头无尾，可以从孩子的生活习惯方面入手，先提出小的要求，安排一些不大费力就能完成的任务，久而久之，孩子就会逐步地学会控制、约束自己的行为，去完整地做好每一件事情。

（5）多锻炼孩子承担一些责任。父母可以把一些事情郑重地作为一个任务交给他，比如家里养了小动物，要求孩子给它喂食，让孩子去取牛奶等。让孩子意识到自己的责任，有利于孩子增加克服各种困难的勇气和坚定自己努力把事情做好的决心。

18. 确立目标，制订计划

做事有没有目标会让人生完全不同。先有目标，然后细心制订计划是办事高效的秘诀，也是众多成功人士的好习惯之一。这种好习惯并不是天生就有的，而是需要后天培养的。

经典镜头

美国历史上著名的总统罗斯福年轻时从本宁顿学院毕业后，去拜访了当时美国无线电公司的董事长萨尔洛夫将军。将军热情地接待了他，并问他："你想在这里做哪份工作呢？""随便！"他回答。"我们这里没有叫'随便'的工作，"将军非常严肃地说，"成功的道路是由目标铺成的！"从此罗斯福一直将这句话记在心上，经常把他该做的事、想达到的目标都记下来，然后拟订一个计划表，每当面对一项新工作时，便先计划需要多少时间，然后安插在他的日程表里，规定自己在某段时间内做某事。

实用好方法

（1）首先要在日常生活中帮助孩子制定切合实际的目标，大目标的实现正是由一个个不起眼的小目标的实现累积而成的。

（2）父母做事有目标、有计划的榜样作用对孩子的影响非常大。如果父母有使用效率手册的习惯，不妨经常拿出来，找几件孩子能理解的事例，跟孩子说一说你当天以及一周的目标和实现的情况。

（3）时常跟孩子谈谈自己小时候的梦想，告诉他哪些目标实现了，哪些没有实现，也让孩子说说自己的梦想。一旦发现孩子的梦想中有对他的成长有利的闪光点，要帮他记下来，鼓励孩子努力去实现。

（4）帮助孩子制定学习某种才艺的目标，但一定要符合孩子的年龄特点。在实现的过程中，如果孩子退缩了，父母不能强迫，可以根据事情的轻重缓急暂停或换一种方式，因为目标的实现对于孩子来说并不仅仅靠毅力，还取决于孩子是否已经具备了相应的能力。

（5）帮助孩子制定目标一定要循序渐进。开始的目标定得要容易一些，眼前目

标达到了，孩子会有信心去应对下一个难一些的目标。

（6）哪怕是很小的目标，达到后也要及时地鼓励孩子，让他有成功的体验。鼓励孩子的方法很多，比如周末孩子决定爬山，并且真的和妈妈爬到了山顶上，这时不妨为孩子举行一个小仪式，庆祝孩子成功登顶。

19. 善于总结，每天进步一点点

即便在平凡的日常生活里，如果孩子有一双善于观察的眼睛和一个善于思考的头脑，他的心灵每天都会是丰盈的，因为他能时刻抓住来自生命和自然的馈赠。他的整个生命的旅程精彩与否，很多时候都是由这些点滴的收获演绎出来的。

邻家妈妈的高招

小平非常想学钢琴，妈妈给小平报了钢琴班，而且每次上课妈妈都陪着小平。虽然小平从心里喜欢学琴，听课非常认真，但刚开始上课还是找不到方法，老师布置的头几次作业完成得并不好。妈妈不断给小平打气。有时候，遇到比较难的乐段，练了很久还是不能顺利地弹好，小平会非常着急，妈妈就安慰她："这次练琴，上次课老师点的问题基本都解决了，练习效率还是挺高的，太急于求成，有时反而不容易达到目标。放松一下再挑战，也许收获更大。"小平听了妈妈的建议，第二天再弹的时候，果然有了很大的进步。就这样在妈妈的鼓励和支持下，一个学期下来，小平成了钢琴班里弹得最棒的学生。

实用好方法

（1）每天睡觉之前，和孩子回忆一下一天的生活，有什么开心的事情，有什么难过的事情，有什么错误下次需要避免，有什么经验下次需要发扬。

（2）父母若能在自己的包里准备一个小本子，随时将自己的好想法、要做的事情、应该反思的经验教训都记录下来，回家后挑选孩子易于理解的讲一讲，孩子也会慢慢养成这个好习惯。

（3）无论孩子是遇到问题还是有所进步，都要引导孩子多想一想失败或成功的原因，孩子就会逐渐养成勤于梳理思路的好习惯。

（4）看到别人成功或失败的事例，也可以和孩子一起分析、交流，但要站在孩子的角度，让孩子听得懂。

（5）如果在家里父母有了失误，也可以请孩子帮助自己分析原因，并且要积极对待失误并改正，给孩子做个好榜样。

第三章

培养孩子从小善于沟通

的 6 个习惯

20. 善于倾听

一个善于倾听、善于表达的孩子，才能在理解别人的同时也让别人理解自己，从而建立良好的人际关系。目前很多父母更加注重培养孩子的语言表达能力，但对于孩子是否具备能够很好地倾听别人说话的能力，包括仔细分析和适当提出意见的能力却不太重视。

经典镜头

动动的口头表达能力在班里面是最强的，班里所有需要孩子表现的机会几乎都被他赢得。但是动动也有一点让老师头疼，就是他特别爱抢话，因为这个毛病，做游戏时小朋友不爱叫他，老师也多次提醒他要认真把别人的话听完了再表达意见。

邻家妈妈的高招

闹闹妈妈认为父母倾听孩子也是教会孩子善于倾听的重要途径。即便闹闹发脾气时言语过度，妈妈也会冷静地应对并安慰孩子："没什么，说出来就好了，妈妈知道你现在的心情不好。"闹闹听到妈妈这样说，常常反过来道歉："妈妈，其实我刚才也不对。"

实用好方法

（1）多观察孩子在倾听别人说话时候的表情和眼神，对孩子倾听时的表现多加分析，注意到值得表扬或需要改进的地方，要在合适的机会和孩子交流。

（2）从生活中简单的事情入手教孩子学会倾听，比如平时给孩子分派一些家务，说的时候要从简单到复杂慢慢过渡。刚开始可以跟孩子说："你能帮我到卧室拿一下眼镜吗？"之后，再慢慢地加大难度："告诉姥姥咱们周六回去。"

（3）还可以在做游戏前提出要求，让孩子注意听，隔一会儿就向孩子提问，并在游戏中来检测孩子是否将要求听进去了。

（4）同时也让孩子知道不仅要认真听别人说话，还要会听，即善于全面领会说话人的意图，提炼话语的中心思想。

21. 不打断他人的谈话

　　无论是在普通的生活交谈中，还是在重要的工作交流中，如果一个人在初次见面交谈时多次打断你的话，你是否会有不被尊重的感觉？如果你恰巧是一位面试官，会不会给这个被面试人减印象分呢？父母都不希望自己的孩子将来会因为这样的小事栽跟头，这就需要让孩子上好"不打断他人的谈话"这门基础训练课。

经典镜头

芸芬是李铃大学时代的好友，但毕业后彼此就失去了联系，直到这次同学聚会才又见面。老同学见面自然有一肚子说不完的话题，从工作到家庭，再到上学时的趣事、其他同学的近况……才没说上两句，沉默的舰舰插话了："妈妈，我们什么时候回家呀？""待会儿，我正和阿姨说话呢！"没过两分钟，舰舰又插话了："妈妈，旁边的小哥哥在玩飞碟，我也想玩。""妈妈说完话就陪你玩好吗？"此后李铃和芸芬的谈话就在舰舰不断的打岔中断断续续地进行……

邻家妈妈的高招

很多时候，梅梅妈妈和自己的孩子都非常默契，两人之间有一个君子协定：在对方忙的时候谁都不能轻易去打扰。有一次，邻居家的孩子到梅梅家来玩儿，妈妈已经将饭做好了，但是两个孩子玩儿得非常起劲。为了不打扰孩子，妈妈没有开口叫梅梅吃饭，而是找个机会用眼神和手势告诉梅梅要吃饭了，孩子也会心地点了点头。

实用好方法

（1）留心观察就会发现很多孩子都喜欢插话。这个毛病非常不礼貌，会引起他人的反感。插话的孩子这样做就不能专心听别人说话、领会别人的意思，还会打断说话人的思路，阻碍说话人流畅地表达自己的思想。如果您的孩子有这个习惯，不能掉以轻心，应该及时纠正。

（2）有些孩子爱插话往往是为了表现自己或引起他人的注意。父母针对孩子这一特点应该引导他们注意倾听别人说话，要告诉孩子，在听别人说话时应该注视着说话人的眼睛，不能东看西瞧，要听明白别人说的是什么，等别人说完再提问题。

（3）要想纠正孩子爱插话的毛病，家长首先要以身作则，在听孩子说话时，要有耐心，尽量不要插话。有家长在与孩子谈话时，很难坚持听完孩子的叙述，总是说："你不用说了，我知道了。"这样孩子就会误认为，插话是很正常、很自然的事。

（4）可以教孩子一些实用而礼貌的办法，比如，孩子如果想和正在与别人谈话的妈妈说话，可以用眼神或手势向妈妈示意，这时妈妈一定要找机会向说话的人致歉，然后询问孩子的需要。这样既让孩子觉得自己得到了家长的重视，又不至于打扰别人。

22. 真诚的目光交流

　　眼睛是心灵的窗户，眼神也能构成彼此的交流。交流时的眼神是谈话的重要组成部分，如果目光散乱，无论你的用词多么讲究，都会给人留下不自信或没有诚意的印象。有时候，一个眼神胜过很多话语。

邻家妈妈的高招

　　婷婷妈妈是一家大外贸公司的负责人，成功地完成了多次艰巨的国际商贸谈判，她稳健的谈判风格深得领导赞赏。很多时候，谈判双方还没有交锋，她那自信、笃定的目光就已经传达出了必胜的信心。妈妈格外注重对女儿婷婷的教育，无论工作多么忙，回家后的第一件事就是找时间和婷婷交流。和婷婷说话时，妈妈在注意倾听孩子说话内容的同时，总是投去鼓励和尊重的目光，所以婷婷无论有什么话都愿意向妈妈诉说。受到妈妈潜移默化的影响，婷婷在与人交流时也能专注地倾听。

实用好方法

　　（1）父母与孩子交流时首先要以身作则，以尊重和理解的目光注视孩子的眼睛，这是对孩子最好的引导。

　　（2）让孩子明白与对方谈话时保持目光交流，不仅是出于礼貌以及保证交流顺畅的需要，这样做还能够从对方的眼神里获得谈话内容之外的更多信息。

　　（3）如果发现孩子在和别人说话的时候目光散乱，可以耐心地引导纠正。如果讲道理的作用不明显，父母可以和孩子做几次"说话时眼睛该看哪儿"的游戏，让孩子有亲身对比的体验。例如，第一次妈妈和孩子说话时用亲切的目光看着孩子，第二次妈妈则目光游移、漫不经心地和孩子说话。孩子说话容易用肢体语言，边比画边说。可以利用这样的时机问一问孩子：他认为哪一种方式感觉好。接下来引导孩子进行换位思考，还可以在孩子遇到类似情况的时候，用他自己的感受来教育他。

23. 善于称赞、鼓励他人

卡内基成为美国的"钢铁大王"，秘诀是他很善于发现人才，善于发挥他人的长处，并有很高超的赞美别人的技巧。所以，在他的企业中，有许多精通冶金工业技术、擅长发明创造的人在为他工作。谈到用人，卡内基说："一块钱的价值还是一块钱，一个人的价值却是无限的。"

邻家妈妈的高招

每次蓝蓝回家向妈妈说起班里的事，当说到某某孩子的缺点时，妈妈常会补充问一句："那你觉得他的优点是什么呀？"开始的时候孩子常是想半天也说不出来。到了后来，不用妈妈问，蓝蓝说起其他的小朋友，总会先提到他们的优点。承认和欣赏别人的优点是认识和发现自己的一个重要途径，父母还是要不断地通过生活中的各种例子进行引导。

实用好方法

（1）在孩子的面前尽量坦诚地说出自己的优点和缺点，然后告诉孩子在自己的周围有谁的优点正好是我的缺点，应该多向他请教才好。也可以让孩子监督自己，久而久之孩子也会用相同的方式对待别人和自己的优缺点。

（2）在听到孩子抱怨他人的时候。要教孩子换个角度想一想这个人是不是出于无奈，或者是不是一时不小心，帮孩子找一个原谅别人的理由，这样有利于开阔孩子的胸怀。

（3）在生活中父母经常赞美孩子、赞美周围的人，潜移默化中孩子也就学会真诚地赞美别人了。当然教会孩子批评别人的方法也很重要，这首先要求父母不要用过激的方法批评孩子。

（4）尽量不要在第三者面前公开批评孩子，即使谈到别人的缺点也要用"三明治"式的批评方式，即把小批评夹在两大赞美中间。

24. 学会协商

两个人之间有协商，那么智慧是 1+1 > 2。如果孩子遇事会协商，那么他的人生之路会更宽广。

邻家妈妈的高招

在鹏鹏的家中，爸爸不会命令他，有事情鹏鹏爸爸会跟他商量着做，所以父子总是处于比较愉快的氛围中。一次，鹏鹏爸爸想带鹏鹏去上海，但是鹏鹏那天要返校，鹏鹏担心老师会责怪他。于是鹏鹏爸爸便建议儿子去和老师商量，如果老师不同意，那就不去了。鹏鹏经过和老师商量，老师批准了他的假。

实用好方法

（1）为了提出一个妥当的协商方案，孩子们需要有逻辑地思考其中的道理，学会通过话语把它们表达出来。这样的话，不仅可以培养孩子们一些最基本的道德意识，还可以培养他的思考能力。

（2）如果孩子有事找父母说，父母一定要放下手中的事情倾听，不能总说："我很忙，以后再说吧。"这样就会失去和孩子协商的机会，关闭谈话的大门，孩子觉得自己没有受到尊重，会对父母产生不信任感。

（3）若希望孩子学会与人协商，父母就要从倾听开始。在孩子想要得到什么或者做错了事情的时候，父母一定要把孩子的话认真听完，然后再试着和他进行协商。

（4）有些家庭决定是要和孩子商量的。听听孩子的想法，之后还要感谢孩子为这件事出的好点子。

小贴士

有些事情，不管孩子愿意不愿意、理解不理解，是不容协商的。比如一些最基本的道德规范，如不伤害他人，不是自己的东西不要拿等；还有一些保证自身安全的最基本的做法，这些必备常识绝没有和孩子妥协的余地。

25. 敢于承认错误

　　英国人马罗说："永远不要因为承认错误而感到羞耻，因为承认错误，表示你今天比昨天更聪明。"香港商界知名的女强人梁凤仪常说的一句名言是："成功的人生源自真诚地认错。只要有足够的时间、足够的能力把错误的事情改正过来，还是一个美好的人生。"如果让孩子从小能够学会诚恳地认错，他未来的人际关系会变得更加和谐。

经典镜头

　　毛毛和小朋友玩的时候，妈妈不离左右，常常帮助他应对本该他自己解决的问题。一天毛毛和点点在一起玩，毛毛手中的玩具不小心划到了点点的胳膊，点点大哭，向毛毛妈妈告状，毛毛一脸紧张的表情，低着头不说话。毛毛妈妈对毛毛说："你快说你不是故意的，只要对点点说对不起，下次小心一点儿，就没事了。"毛毛还是不说话。于是妈妈赶紧替毛毛向点点道了歉，之后又哄了好一阵子。

邻家妈妈的高招

　　一次美美和妈妈坐公共汽车时，妈妈不小心踩了旁边人的脚，妈妈赶快微笑着向对方说："对不起，真对不起。"那位乘客本来要发怒的表情变作了浅浅的一笑。妈妈小声地告诉美美："世界上所有的人都会有不小心的时候，只要及时地向别人道歉，一般会得到原谅的。"一天美美不小心摔坏了舅舅的手机，美美吓得有些手足无措。妈妈提醒她："你虽然不是故意的，但是弄坏了别人的东西，一定要诚恳地向人家道歉。"美美问妈妈什么叫诚恳，妈妈说："就是真心真意、发自内心地道歉。"美美听了，走到舅舅跟前，拉着舅舅的手，认真地说了好几声"对不起"。

实用好方法

　　（1）抓住每一个机会来教孩子学会道歉，这种教导不是说教，而是自己实实在在、恰当得体的道歉行为。

　　（2）在孩子还没有养成认错的习惯时，做孩子的支持者，不要强迫孩子。要善于利用父母和孩子之间的情感纽带，在面对众人的时候，保护孩子的自尊心比获得立竿见影的效果更加重要。

　　（3）分清楚什么是无意什么是故意。如果孩子是在无意识的状态下伤到了同伴，而父母当时的过度反应有可能给孩子一种错觉，好像犯下了不可饶恕的大错，恐惧中孩子可能会不知所措。遇到孩子故意捣乱时，应该要求孩子做出另一种道歉的方式。

　　（4）同伴之间的争吵是很普遍的，大人在必要时应给予一定的引导。但如果用不切合实际的后果来吓唬孩子，只能让孩子更加不相信你的话。

　　（5）对于孩子敢于承认错误的行为，要积极予以肯定。

第四章

培养孩子从小负责任

的 4 个习惯

26. 遵守诺言

人无信不立，人与人之间的关系与友情，需要信用来维系。只有恪守信用的人，才能交到知心的朋友，才能成大事。让孩子从小养成信守承诺的好习惯，能使孩子将来树立威信，获得友谊，获得别人的尊敬。

邻家妈妈的高招

周五是豆豆7岁生日，妈妈和豆豆说好那天下班做一个上面画着凯蒂猫图案的蛋糕来庆祝，并一起准备好了做蛋糕需要的材料。谁知，周五晚上妈妈工作忙，需要加班，妈妈给豆豆打了个电话诚恳地道了歉。第二天一早，豆豆发现桌子上摆着一个大盒子，打开一看，竟然是画有凯蒂猫图案的生日蛋糕，上面用巧克力酱写着"祝豆豆生日快乐"。蛋糕旁边还放着一封信，上面写着："豆豆对不起，请原谅妈妈。祝生日快乐。"

实用好方法

（1）守信是一种有责任感的表现，一个说到做到的人是一个能够对自己的言行负责的人，能获得别人的信任和尊重。

（2）父母的榜样作用非常重要，不要认为孩子年龄小不懂事，就可以忽视对孩子的诺言，孩子会因此对父母失去信心，对周围的人也失去信心。

（3）不要逼迫孩子许诺，当孩子觉得承担了许许多多的承诺，实在无法遵守诺言的时候，他反而会把那些诺言看得不再重要。所以父母必须让孩子意识到：承诺即责任，不能轻易地许诺。

（4）当孩子不遵守诺言的时候，父母也可以"以其人之道还治其人之身"，让孩子用亲身体验体会到不守信用对自己的伤害。

（5）美国心理学家罗达·邓尼说过，父母做错了或违背自己的诺言时，如果向孩子说一声对不起，可以帮助孩子建立自尊，同时能培养孩子遵守诺言的习惯。

27. 不找借口

"不找借口找方法，方法总比问题多！"国际职业培训师吴甘霖的这句口号已经成为优秀职场人士的座右铭。当遇到问题和困难时，能否主动去找方法解决，对一个人的成功和发展具有决定性作用。但是，对于一个被宠坏了的孩子，不可能在他迈入职场的那一刻突然就具有这样积极的思维方式。

经典镜头

蓓蓓从小在爷爷、奶奶家长大。无论蓓蓓弄坏了什么东西，犯了什么错误，爷爷、奶奶都不会责怪她，反而找理由安慰她。蓓蓓大些了，无论犯了什么错误，都会自己找各种借口开脱，从来都不承认自己有不对的地方。蓓蓓 3 岁进了幼儿园，在玩游戏时与小朋友发生了矛盾，总是怪别人不好，稍有不如意，就大发脾气。

邻家妈妈的高招

两岁的时候，兵兵走路还总是磕磕绊绊的，不是碰到桌子，就是碰到椅子。一次，兵兵不小心绊到在桌旁，额头上磕了一个大包，哭喊着："妈妈，椅子碰我了！"妈妈一边拍着椅子，一边对兵兵笑着说："兵兵，你看，椅子就在这里，它不会动，可是你会动呀，你可以躲开它。下次注意，小心绕开，你就不会磕疼了。对不对？"兵兵使劲地点了点头。

实用好方法

（1）孩子为自己的各种行为寻找合理的或者不合理的借口是非常普遍的现象，造成这种情况的原因很多，父母一定要具体地分析孩子找借口的理由，再对症下药。

（2）父母的教育方式不恰当，如对孩子的期望过高，管教过于专制、严格，对孩子过于溺爱等，都会导致孩子养成爱找借口的坏习惯。相反，在开放民主的家庭教育环境中，孩子找借口的概率则会降低很多。

（3）对于孩子找借口要灵活地对待，孩子也有自尊，当着生人的面不要直接戳穿孩子，但事后一定要让孩子明白父母知道他是在找借口。

28. 对自己负责

　　人生其实是不断选择的结果。我们常不自觉地抱怨学校不好、朋友不好、家人不好，但其实这都是自己选择的。责任感只能从孩子内心产生。没有积极的价值观支撑的责任感是不会长久的。告诉孩子别人不可能为他的选择负责，而且让孩子有选择的权利和自由。

经典镜头

　　京京的房间常常乱糟糟的，他上学也常常迟到，因为家庭作业做得马虎，妈妈被班主任老师叫去了两回，京京哭着喊着非要学的钢琴也不练了。没了奶奶的帮助，工作繁忙的妈妈无法像奶奶那样把所有生活细节都帮孩子安排好，可京京依然指望着妈妈能包揽一切。

邻家妈妈的高招

　　宝宝 3 岁多的时候，父母开始给宝宝更多机会让他决定与他自己有关的事情，比如确定休息日出去玩儿的项目、挑选自己衣服的颜色与样式、邀请小朋友来家里玩儿等。有一次，宝宝想去附近商场里的一个游乐园，因为天气特别好，爸爸提议去植物园野餐，但宝宝坚持去游乐园，父母就同意了。结果到了游乐园，人很多根本玩儿不开。宝宝有些后悔选择这里，但是因为是自己选择的，就没有闹脾气。妈妈细心地察觉到孩子的心理，对宝宝的表现进行了鼓励。宝宝对这件事印象深刻，之后连着好几个周末他都对妈妈说："我再也不闹着要周六去玩儿了！"

实用好方法

　　（1）可以通过日常琐事让孩子学会承担责任，比如分给他一些家务：倒垃圾、洗盘子等。

　　（2）强烈的责任感源于孩子自身的情感体验。在成长过程中，如果父母能够多给孩子自己做决定的机会，就会让孩子在精神上变得自立。

　　（3）父母如果能在日常生活中允许孩子有自己的情绪，能教会孩子一些处理情

绪的简单方法，孩子会从中慢慢开始学着情绪自控。比如，当孩子情绪非常激烈的时候，父母绝对不能生硬地拒绝、否认、压制，或者对孩子说气话。

（4）父母应该积极地告诉孩子自己理解他的情绪，而且非常重视他的情绪，必要时还要机智地引导转移情绪的方向。

小贴士

习惯的教育取决于父母和孩子的关系，习惯是很难通过语言传达给孩子的，它必须通过行动传达给孩子。父母在培养孩子责任感的时候千万记住，不要为了培养而培养，有时父母会因为想要培养孩子的责任感而以家庭的琐事来对孩子发号施令，这会给孩子和父母都带来苦恼。

29. 学会自理

为了让孩子更好地成长，许多父母总想为孩子尽更多的责任。父母过于尽责，对孩子而言，未必是件好事。国际著名家庭治疗专家李维榕博士在她的《婚姻: 多人之舞》一书中有这样的一段话： "愈是负责的父母，就愈会养出不负责任的孩子，那是一个很奇怪的道理……很多父母不知道，孩子是不能老活在父母关注的范围内的，否则他就很难自立，父母就要永远为他负责。"

邻家妈妈的高招

婉儿妈妈是幼儿园教师，在多年的工作中看到有太多会弹钢琴不会系鞋带、会背唐诗不会穿衣服的孩子。有了婉儿以后，妈妈非常注意训练婉儿的自理能力。令婉儿妈妈惊奇的是，孩子好像天生就有生活自理的欲望呢！比如婉儿很小的时候就会试着用手扶奶瓶，婉儿妈妈相信这就是自理能力的开始。婉儿练习自己吃饭时速度慢，还经常把饭撒得到处都是，婉儿妈妈也非常耐心地教她。婉儿穿衣服正反不分，妈妈也不代劳，而是耐心地教她穿脱的方法。

实用好方法

（1）想让孩子有自理能力，最重要的就是要让孩子知道"那是自己的需要"，只有孩子知道是自己的需要，他才会主动地承担。

（2）要适时地为孩子提供锻炼自理能力的机会，但注意不要超越孩子力所能及的范围。如果总让孩子做他根本无法完成的事，孩子易产生畏难情绪。

（3）要坚持培养孩子的自理能力，注意不要选择孩子情绪不好的时候进行说教，否则会加重孩子的抵触情绪。

（4）有意识地创造条件促使孩子学会自理。例如，给他一点时间，让他自己云安排活动；给他一个任务，让他自己去完成；给他一个问题，让他自己去找答案。

第五章

培养孩子学会双赢思维

的 3 个习惯

30. 换位思考

对着父母精心做好的饭菜，孩子小手一指："我不爱吃青菜。"看到小朋友刚买的新玩具："我要玩，给我！"这些童言，父母耳熟能详，孩子重视他人感受的能力并非与生俱来，需要父母随着孩子的成长进行引导。如果孩子在这门人生的基础课上丢了学分，社会就不会发给他毕业证。

邻家妈妈的高招

妞妞妈妈能够站在孩子的立场上考虑问题，非常尊重孩子的想法，并且妞妞妈妈也尝试着在生活小事上教育妞妞如何替他人着想。有一次妞妞爸爸的朋友李叔叔从国外回来，给妞妞买了一条绿色的裙子，可是妞妞看了却说："我不喜欢绿色！"李叔叔很尴尬。李叔叔走后，妞妞妈妈对妞妞说："我知道妞妞最喜欢的颜色是红色，但是李叔叔并不清楚。你想想看，李叔叔从那么远的地方给你带了一条裙子做礼物，是不是很关心你啊？可是你因为不喜欢裙子的颜色连句谢谢都没说，李叔叔是不是会伤心呢？"妞妞听了，恍然大悟，于是便对妈妈说："妈妈，对不起，今天我做错了。我想打电话给李叔叔道谢。"通过妞妞妈妈简单的几句提示，妞妞就意识到了自己的错误，将换位思考的道理牢牢记在了心里。

实用好方法

（1）学会换位思考对于孩子来说意义重大，因为不了解对方的立场、感受及想法，就无法正确地思考与回应。

（2）教孩子换位思考其实就是教他理解别人的想法，教孩子学会宽容别人、理解别人，就是帮助孩子建立一套与人交往的基本原则。

（3）为了引导孩子学会思考自己的行为对他人情感会造成什么样的影响，父母可以多问问孩子"如果你是他，你会怎么想"。

（4）让孩子在生活中尽可能多地积累各种体验是培养换位思考的前提。如果孩子在家里一直是以自我为中心，只当"小皇帝"，就很难理解别人的辛苦和付出，很难体察别人的心情，无法做到换位思考。

31. 协作

在信息爆炸、社会分工更加精细的 21 世纪，人们更强调团结协作，单打独斗的超人时代已经结束了。当今不仅是一个竞争的社会，更是一个合作的社会。一个人的力量是有限的，每个人喜欢做的事情和擅长的工作都不一样，没有充分的合作很难完成好一项工作。要想在今天的社会上立足，孩子首先应该学会的一个本领就是与人协作。

邻家妈妈的高招

舟舟妈妈很注重培养舟舟的协作意识，经常通过日常生活中的具体事例来教育舟舟。这两天，舟舟回家后兴致不高，细问得知是因为下周要举办跳绳比赛，舟舟因为想摇绳不想跳绳，和同一个小组的小朋友闹了意见，谁都不肯让步。

舟舟妈妈提议和舟舟做一个游戏。妈妈在地上画了一条线，当作"独木桥"，妈妈扮作白羊，舟舟扮作黑羊，两个人分别从"独木桥"的两头同时向对方走，走到桥中间的时候，妈妈说："舟舟，你能不能想个办法，让咱们同时过桥呢？"舟舟眨眨眼睛，摇摇头。而妈妈引导着舟舟在独木桥上侧身互相轻轻抱住，同时向前迈一步，两个人竟然同时都过去了，谁也没有掉下去，都可以继续前进。看着舟舟惊喜的样子，妈妈说："这就叫作协作双赢！"

实用好方法

（1）到了两三岁时，孩子开始有了协作意识的萌芽，与小伙伴一同堆城堡、过家家。如果这时孩子还没有小伙伴，父母就要为孩子创造与小朋友接触的机会，鼓励孩子与小朋友一起玩儿。

（2）在游戏时，父母要教会孩子以礼貌的方式来得到他们想要的东西，因为这是合作的前提。

（3）父母还可以鼓励孩子参与足球、篮球、排球、跳绳等体育活动。这些活动既有团体之间的对抗与竞争，又有团体内部的协调与一致，这就更有利于培养孩子的协作精神。

32. 乐于分享

多数家庭锻炼孩子分享的意识往往是从与家人分享食物开始的。进而孩子慢慢地学会与小伙伴分享玩具、图书，或者是将他的好故事、有趣的体验告诉他的小伙伴，同时他不仅会享受到由此而来的小伙伴的回馈，还能体会到分享带来的快乐。

邻家妈妈的高招

小虎从小就爱吃水果，妈妈常利用分水果的机会培养小虎分享的意识。全家人聚在一起吃水果的时候，妈妈总会把各种水果摆在小虎面前，一般每种水果只拿出一个，让小虎分配。有时小虎会给爸爸鸭梨，给妈妈苹果，给奶奶橘子，而把喜欢的香蕉留给自己，妈妈就有意提出想尝尝香蕉。起初小虎会很不情愿，但渐渐地家里的水果时间成了大家一起快乐分享时间。家里来了小朋友，小虎也会和小朋友一起分享玩具，但对新买的玩具，小虎常会紧紧地攥着，舍不得让小朋友玩。这种时候，妈妈也不勉强小虎，只是让小虎将他不愿意与人分享的玩具放到一个专门的藏宝盒里，等他愿意和朋友分享时再拿出来。转眼小虎要上小学二年级了，每年教师节，妈妈都要带他回到幼儿园去看望当年教过他的老师，感谢老师和孩子一起度过的美好时光。这时，小虎还会带上自己的成绩单，和老师一同分享自己的好成绩。

实用好方法

（1）生活处处能实践分享。分享不仅体现在物质上，还体现在分享时间、想法、情感上，比如分享成功的喜悦以及失败的教训。

（2）当然，孩子也有显得"小气"的时候，爸爸、妈妈没有必要当着其他孩子的面，硬要让自己的孩子和别人"分享"。

（3）要经常和孩子分享他的一点一滴的成功与进步。孩子取得好成绩或有进步时，最好的奖赏是能在当晚告诉家人，大家一起分享他的成就。

第六章

培养孩子珍爱自己
的 6 个习惯

33. 我很重要

　　人的生命只有一次，所有的生存活动都建立在生命之上，如果孩子不懂得珍爱生命，漠视生命安全，就可能留下惨痛的教训。提倡不惜牺牲生命保护公物的上一代的教育口号已经发生了根本的变化，但贯串在日常生活细节中的安全教育则需要父母细心及时的引导。

实用好方法

　　（1）要向孩子灌输"有了生命安全才拥有一切"的自我保护意识。教育孩子遇到危险时要保持冷静，然后想方设法脱离危险环境，而不要让孩子盲目与歹徒搏斗。

　　（2）要不失时机地教会孩子一些自我保护的具体技能，比如家里跑水了怎么办？着火了怎么办？有陌生人敲门怎么办？还要教育孩子严格遵守交通规则，在体育活动中注意安全，在劳动中安全地使用各种工具；教会孩子认识一些危险警示标志；不捡拾化学制品和有放射性的物品；不随便进入施工现场等。

　　（3）告诉孩子日常生活中保证自身安全的一些具体方法：上学、放学、外出时尽量走大路，少走僻静小路；如遇坏人打劫，尽快避开，跑向人多的地方，同时大声呼救；在外遇到火灾，要尽快撤离到安全的地方而不要自己去救火；看到有人溺水要大声喊人，但不能下水救人。

　　（4）平时为孩子创造机会，保证孩子拥有充分的活动空间。可以与孩子共同选择一块宽敞、平坦、安全、便于运动的场地，让孩子知道在这里才能安全地尽情玩耍。

　　（5）教会孩子对待陌生人要保持警惕。让孩子记住常用的报警电话。对孩子要有适当的性教育，告诉孩子身体的隐私部位不要随意暴露，除了父母和医生以外，不能让任何人接触自己的隐私部位。在公共场所遇到坏人有不轨行为时，应立即躲开，或向周围的年长者求援。

　　（6）教会孩子不要轻易把自己的姓名、住址、电话、学校等信息告诉陌生人，更不要跟陌生人外出。告诉孩子迷路后不要慌，可以给家长打电话，尤其不要随意告诉陌生人自己迷路了，可以向警察、交通协管员、保安等可靠的人问路。平时还要有意识地培养孩子认路的能力，培养孩子的方向感，教孩子学会如何辨认东南西北。

34. 均衡饮食

在餐馆里，常能看到这样的场面，大人笑眯眯地把孩子喜欢的菜端到孩子面前，或使劲给孩子夹他喜欢吃的菜。其实，这种做法不但会使孩子只顾自己不懂分享，还不利于让孩子养成健康的饮食习惯。平时在摄取含有高蛋白的鸡鸭鱼肉时，也应注意让孩子均衡摄取五谷杂粮、蔬菜、水果等，只有这样才能真正做到营养身体，增强体质。

经典镜头

冬冬妈妈很宠爱冬冬，总是给他很多零用钱，但是妈妈却从来不问冬冬钱是怎么花的。冬冬的很大一部分零用钱都付给了学校门口的小商贩们。下课时冬冬常和同学们一起买小贩们兜售的五颜六色的小食品，冬冬不知道其中很多是"三无"甚至是已过期的食品。而这样的食品不但没营养，还可能给身体带来危害。除此之外，妈妈知道冬冬喜欢吃零食，还常常从超市给他买很多零食。渐渐地，冬冬三餐吃得很少，每顿饭之间却总喊饿，而且动不动就生病。

邻家妈妈的高招

从怀孕开始笑笑妈妈就非常注意自己的饮食，不喝刺激性的饮料，买菜时也注意选绿色健康食品。孩子生下来妈妈认真地坚持母乳喂养，笑笑体质很好。笑笑上幼儿园后，接触到了不同家庭环境的孩子，回家后常对妈妈说：宁宁今天带巧克力到幼儿园来了；扬扬今天带薯片来了，还给我吃呢……妈妈意识到孩子的健康饮食习惯开始受到了新的挑战。如果一味坚持自己的教育理念，会让孩子感觉与别的孩子差别很大，容易让孩子认为自己很异类，这样可能会影响到孩子的人际交往。于是，妈妈调整了规矩，每周一次主动带孩子去超市选择一些他想要的零食，但叮嘱说："你想吃的话妈妈和你一起去买，不能自己随便买。并且要记住这些零食只有在饭后才能吃。"笑笑欣然答应了。令妈妈高兴的是，由于一日三餐笑笑吃得好，孩子并没有对零食产生太大的兴趣，而且孩子吃饭之前更是绝对不吃零食。

实用好方法

（1）注意不要让孩子养成吃零食的坏习惯，要鼓励孩子多参加户外活动。

（2）注意饮食均衡，摄取的食物种类要"杂"，谷物、蔬菜、水果、牛奶、肉和豆制品等食物是人体不可缺少的，保证营养全面，才能健康。平时要让孩子多吃小麦、玉米一类的粗粮；多吃深色蔬菜，如菠菜、胡萝卜、西红柿；餐前一小时让孩子吃一个水果，加餐食物也可以选择水果和干果；多喝牛奶，多吃瘦肉、鸡肉、鱼和各种豆制品；少让孩子吃糖分多或热量高的食物。

（3）尤其早餐更要让孩子吃好，平时让孩子多吃蔬菜，多吃煮的食物，少吃油炸的食物，不常吃方便面，不挑食；教会孩子细嚼慢咽，不吃汤泡饭；保证每天的饮水量充足，但是一次喝水不能过多，尤其饭后不能马上喝水，清晨可以让孩子喝一小杯温的白开水；不要喝反复烧开的水，也不要只给孩子喝纯净水。

（4）教会孩子辨识不安全食品的方法。带孩子到超市买东西时要看商品的生产日期、营养标签；不带孩子到卫生条件差的地方就餐。

（5）家长的饮食习惯会直接地影响到孩子：妈妈爱喝可乐，孩子也一定喜欢喝。所以家长自己要给孩子树立榜样。

（6）清楚孩子零用钱的去处。

35. 规律睡眠

生理学的研究表明，儿童少年的生长主要在睡眠时完成。一般情况下，晚上 10 点至凌晨 1 点是生长激素分泌的高峰期，也是人体内细胞新陈代谢最活跃的时间。如果错过这段睡眠时间，细胞的新陈代谢将受到影响，即使白天补睡也达不到最佳效果。所以给孩子养成好的睡眠规律和习惯，对孩子智力、体力的发展至关重要。

经典镜头

苗苗的父母是一对热情好客的父母，喜欢请朋友到家中做客。朋友们一聊起来难免情绪高涨，忘记了时间。正在兴头上的父母往往也忘记催促苗苗上床睡觉，任由苗苗在旁边看电视，或者自己玩玩具。渐渐地，没有客人的时候，苗苗到了晚上也不想睡觉，哭着闹着要看电视、玩游戏。

邻家妈妈的高招

毅毅妈妈在毅毅小时候就很注重培养他按时上床睡觉的好习惯。首先，妈妈给毅毅规定了相对明确的睡觉时间，一般情况下都让毅毅晚上 8 点半睡觉。睡觉时间越有规律，孩子就越容易按时去睡觉。同时，妈妈在提醒毅毅睡觉的时候，总是把时间具体化，比如对毅毅说："电视节目结束了就该洗澡睡觉了。"晚上，妈妈会避免让毅毅从事比较剧烈的活动。睡觉前半个小时，开始给毅毅读书、讲故事或者听音乐，等等。妈妈在安排自己的娱乐交际活动时，也会考虑毅毅的需要。在幼儿园的体检中，毅毅的身高、体重、营养等各项指标都在班里居上游。

实用好方法

（1）睡觉之前不要让孩子过于兴奋，要为孩子创造安静的、利于睡眠的环境。如果孩子从噩梦中惊醒，父母要陪伴孩子直到他再次睡着，而不要用灯光来为孩子驱赶噩梦。睡觉之前不要给孩子讲有恐怖色彩的故事。

（2）孩子稍大一些就开始贪玩了，可能他已经很困了却坚持不睡，这会使孩子过于疲劳、过于紧张，入睡更困难，所以父母要及时督促孩子入睡。

（3）有的孩子对父母的依恋心理非常强烈，好不容易盼到了父母有时间陪自己玩儿，就不舍得入睡，所以父母要尽量抽时间多陪孩子。

（4）在催促孩子上床休息的同时，父母最好也给孩子创造一个利于孩子入睡的环境。如果父母还有没完成的工作，可以等孩子入睡以后做或者第二天早晨起床再做。

（5）教会孩子正确的睡姿，孩子入睡后要细心观察孩子的睡眠状况，观察孩子是否有打呼噜、磨牙、盗汗等不利于睡眠的因素，发现异常及时到医院诊治。

（6）尽量为孩子选择纯棉质地的，宽松的、舒适的衣物；床上用品要经常清洗、晾晒；床垫要软硬适中，枕头的高度要适宜；同时还要注意气温和被子薄厚适合与否；注意保持室内空气新鲜。只有这样才能保证孩子得到很好的休息。

（7）让孩子自己做些睡前的准备工作，如刷牙、洗脸、洗脚、整理床铺等。这个过程看似简单，却是在对孩子进行"心理暗示"，让他知道"该睡觉了"。

36. 坚持运动

如果孩子没有良好的体质，即便智力发展得再好，也很难在未来的竞争中立住脚。从小培养孩子坚持运动的好习惯，能为孩子将来健康快乐地迎接每一天的学习和生活的挑战打下坚实的基础。

经典镜头

喜喜从小是个活泼爱动的小淘气，在幼儿园里总是显得很活跃。而喜喜妈妈非常重视孩子的智力开发，总是建议孩子多花一些时间看书、画画儿，不重视喜喜的体育活动。一次，喜喜在幼儿园的体育活动中，不小心摔了一跤，把膝盖摔破了。喜喜一回家，妈妈心疼得不得了，批评喜喜太过淘气，甚至有些埋怨老师。妈妈告诉喜喜，运动时很容易受伤。渐渐地，喜喜和小朋友一起玩儿的机会减少了，但妈妈也慢慢发现，喜喜的协调能力似乎不如其他孩子了，动作也比其他孩子慢。每到春秋变天的时候就会感冒，身体素质越来越不好。

邻家妈妈的高招

强强从小就爱玩爱闹，总是拉着小朋友在小区的花园里跑来跑去，跳上跳下。每个周末，强强爸爸总会带着强强打篮球、踢足球、爬山、游泳等。在运动的过程中，强强的协调反应能力和身体素质都得到了提高。在这样的坚持下，强强从小学到高中总是校运动会上的热门人物，跑步、跳远常拿冠军，并且在高中还成为校篮球队队长。大学毕业后，强强到德国继续求学。课余时间，强强依然会到体育场上和同学一起打球，他精湛的球艺和爽朗的性格很快便打破了国界的限制，交到了很多好朋友，很快就适应了德国的生活。在给爸爸、妈妈的信中，强强写道："感谢你们从小支持我运动，运动给了我力量、健康和快乐！"

实用好方法

（1）首先要提醒父母的就是注意体育运动中的安全问题，为孩子设计的运动不能违背孩子的生长发育规律，父母在带孩子到户外进行锻炼之前必须了解和做好一些防护工作，如购置一些必备的、合适的防护用品，如骑小自行车时使用的头盔、轮滑时戴的护膝和护肘等。

（2）运动之前的热身也很重要，这是避免孩子在运动时受伤的最好办法。如果父母在孩子运动的过程中发现孩子出现疼痛、眩晕或极度疲劳等症状，应及时终止运动。

（3）要根据孩子的年龄和体质来安排活动项目。体质好、喜欢活动的孩子，可以让他直接参加一些体育项目的锻炼；体质较差、不爱活动的孩子，可以先让他参加一些体育游戏，待他有了兴趣，再让他参加跑跳、投掷等体育活动。

（4）教给孩子锻炼身体的方法。孩子体质幼嫩，又缺乏体育锻炼经验，因此，在开展体育锻炼时，父母应讲明活动要领，还要做好示范动作，加强对孩子的指导与保护，防止发生意外。

（5）从小培养孩子锻炼身体的兴趣是养成孩子勤于运动习惯的法宝。兴趣是最好的老师，孩子一旦对体育锻炼发生了兴趣，就会自觉自愿地去参加各种体育活动。

（6）要鼓励孩子持之以恒地锻炼。体育锻炼只有持之以恒，才会有效果；也只有持之以恒，才能形成锻炼的习惯。因此父母要帮助孩子制订锻炼计划，并督促孩子坚持。

37. 忠实于自己的兴趣

兴趣是孩子最好的老师。兴趣能够引导孩子寻找更多的知识；兴趣能够让孩子更积极地思考，提出问题，主动地寻找问题的答案或解决方法；兴趣更是我们学习、生活和事业上的一种强大的内驱力。怎样尽量为孩子争取更多的时间和空间，让孩子忠实于自己的兴趣，是摆在父母面前的一个课题。

邻家妈妈的高招

璐璐很小的时候，妈妈就非常细心地观察她的兴趣爱好，并且对于她的兴趣爱好非常支持。璐璐对唱歌、画画儿、跳舞、弹钢琴都很感兴趣。璐璐妈妈对于她的这些兴趣都给予了支持，给她购买相关书籍，并带她去少年宫上课。因为璐璐妈妈明白孩子的兴趣广泛是一件好事，只有在广泛兴趣中有所尝试和体验，才能找到自己真正的兴趣所在，并自主地坚持、探索下去。而璐璐觉得自己对于舞蹈最感兴趣。10 岁的时候，璐璐想报考芭蕾舞学院，却因为身高条件不符合而未被录取，但是妈妈一直鼓励她要坚持自己的兴趣。在妈妈的支持下，璐璐利用课余时间参加了各种舞蹈培训。璐璐凭着对于舞蹈的喜爱，无论面对多么艰苦的训练她都没有退缩，最终在高考时成功地考入舞蹈学院，毕业后成为一名舞蹈教师。

实用好方法

（1）父母千万不要出于功利心去干涉孩子的选择。有些妈妈本来是好心，认为经济学比美术更加热门，毕业了又好找工作，但是社会的变化是非常大的，如果选择的标准来自外部，有了任何的变化都会使孩子后悔。

（2）所有的标准都不是机械的，从小就要让孩子学会在自己的兴趣与周围的环境之间做出平衡的选择，有时结果会因为选择的不同而产生天壤之别。

（3）如果孩子因为忠实于自己的兴趣而做出了不符合实际的决定，最忌讳父母妄加阻拦和粗暴干涉，父母可以结合孩子的身心特点温和地引导、劝说。

38. 珍视亲情

　　家庭是一个人心灵的港湾，也是扬帆远航的加油站。每个人在生活和工作中都会遇到各种不顺利，这时亲情能够为他提供巨大的精神支持，帮助他顺利过关。父母从小让孩子生活在温馨和睦的家庭氛围中，体会到亲情的美好，将会对孩子人格的健全发展起到积极的作用。如果一个人不重视亲情、不能为自己的家庭负责，将无法赢得别人的信任。

经典镜头

　　晶晶的爸爸、妈妈工作总是很忙，为了带给晶晶更加优裕的生活，能够让晶晶以后进入更好的学校读书，他们每天辛苦工作、拼命挣钱，根本没有时间陪晶晶玩儿。邻居家的鹏鹏妈妈则经常会陪鹏鹏一起玩游戏、看书，晶晶很喜欢到鹏鹏家玩儿，觉得在鹏鹏家里有一种特别的温暖。

邻家妈妈的高招

乐乐爸爸是一个"特殊"的老板，总是能够准时下班，面对没有事先列入工作计划的应酬，他绝不会为陪客户喝酒而放弃与家人在一起的时间，乐乐爸爸认为能够和家人相聚才是成功和幸福的一部分。孩子考试没考好，爸爸也不会责备乐乐，而是抽时间和他一起温习功课。在这样的家庭环境中，乐乐形成了开朗乐观的性格，能够坦然地面对自己的失败和压力，并且形成了强烈的家庭观念。

实用好方法

（1）年幼的孩子是从很小的事情上来判断父母对自己的感情，比如父母是否常常陪伴孩子游戏，是否倾听来自童心的诉求，是否能够俯下身和孩子平等交流等。

（2）亲情的建立是有关键期的，过了关键期才开始建立父母和孩子之间的亲情关系就会有很大的障碍。父母一旦决定要孩子了以后，一定不要轻易地将孩子放在奶奶家或者姥姥家代养，那样会造成孩子与父母亲情的隔膜。

（3）让孩子真切地感受父母对他的爱，让孩子体会父母对他的爱是一种无条件的接纳，包括了他的外表、个性与天赋，并相信他是独一无二的。不要轻易地拿他和别的孩子做比较，或是强逼他十八般武艺，样样精通。

（4）根据自己孩子的特点为孩子设定合理的标准，选择合适的教材或活动，孩子不但可以因"做得到"而享受成功的滋味，并能从常常受到肯定的经验中建立起自信心和健康的自我形象。

（5）随着孩子慢慢长大，父母不要在陌生人的面前批评孩子，需要指出孩子的缺点时，要单独和孩子交流。这样孩子就能真正地从父母的身上体验到家庭的温暖，养成"爱的习惯"，承担起家庭的责任。

第七章

培养孩子从小有信心

的 4 个习惯

39. 相信自己

很多时候，有了自信，事情就成功了一半。自信心对孩子的成长发展起着关键的作用。很多伟人都有超凡的自信心，并在自信心的驱动下，获得了了不起的成就。增强孩子的自信心需要在父母的支持下让他进行各种体验。

经典镜头

洋洋妈妈从小就对洋洋呵护有加。虽然洋洋妈妈从道理上明白应该让孩子自己的事情自己做，但总是舍不得让女儿干活儿。洋洋也就习惯了饭后把碗一丢就去看电视，根本就没有要自己洗碗、洗衣服的概念。也正是因为如此，洋洋的自信心不强。在学校里无论是和其他同学做游戏，还是解答数学题，洋洋一旦遇到困难，就很慌张，担心自己做不到、做不好，总是希望老师和同学来帮助她。

邻家妈妈的高招

沙沙的妈妈觉得布置一些适合沙沙干的活儿是让她建立自信心的最好方法。从沙沙4岁起，沙沙妈妈开始逐步引导沙沙扫地、洗衣服、洗米等。引导孩子做家务，最重要的是"一起"。沙沙妈妈总是一边和沙沙一起做，一边及时发现问题并提醒她、帮助她，给她示范。刚开始让沙沙干家务并不是很顺利，沙沙甚至会"越帮越乱""越帮越忙"，可沙沙妈妈一直耐心地在旁边指导、示范，鼓励沙沙要相信自己，并督促沙沙坚持做完。即便是沙沙帮了倒忙，沙沙妈妈也不会当着沙沙的面重做。在家务劳动中，沙沙的动手能力、责任感、解决问题的能力、耐心、做事的计划性都有了大幅度的提高。更重要的是沙沙因此有了经过自己的努力能把事情做好的体验，这种体验让沙沙在未来的学习生活中，变得更加自信。

实用好方法

（1）习惯于承担家务的孩子，动手能力强，在走向成年的过程中，往往比那些缺乏这种体验的孩子更容易适应社会，并在社交中有更多的自信。

（2）要充分相信孩子的成长是需要经历和体验各种各样的挫折与成功的，每个人都有自己的强项和弱项，不可能样样完美。父母应该正确引导孩子，让孩子从错误中学习，泰然面对自己的不完美。

（3）父母平时遇事若能以乐观的态度应对，会对孩子养成相信自己的习惯产生积极的影响。

（4）父母对孩子的爱应该是无条件的，而不是因为孩子完美才爱他。应以平和的心态看待孩子，认清孩子的特点，调整对孩子的要求，接纳孩子，与孩子友好相处。这样能够帮助孩子学会用同样的眼光看待自己和环境，认识真实的自我和真实的世界。

（5）在孩子过于自信的时候为孩子降降温，在孩子遇到挫折、垂头丧气的时候，为孩子打打气，协助孩子寻找有效的解决办法。

（6）从小培养孩子克服困难的毅力和勇气非常重要，教会孩子无论发生什么事，都要充满希望并且相信自己，因为希望和自信是开拓未来的原动力。要让孩子在实际生活中感受到自信来源于自己的努力和克服困难的毅力。

小贴士

现在也有一些孩子由于缺少生活体验而盲目地自信，他们每天活在自己幻想的世界里，但一旦陷入困境，他们中的很多人会失去面对生活的勇气和力量。因此，一定要培养孩子不怕失败和挑战的精神，只有这样孩子才会找到树立起真正的自信的力量。

40. 发现自己的长处

正如富兰克林所说："宝贝放错了地方便是废物。"当问孩子长大了想做什么的时候，他会有自己的梦想：科学家、文学家、歌星、总统……但是随着年龄的增长，这些儿时的梦想会像美丽的肥皂泡一样破灭。看看周围的人，实现儿时梦想的，实在寥寥无几。"人生的诀窍就是经营自己的长处，这是因为经营自己的长处能给你的人生增值，经营自己的短处会使你的人生贬值"。从小教会孩子发现自己的长处非常重要。

经典镜头

"妈妈，彤彤认识好多字呢。"妈妈听了觉得这是教育孩子的机会，就对孩子说："是啊，人家彤彤多聪明，你就是不如人家。"孩子听了有些垂头丧气。妈妈意犹未尽地开玩笑说："你啊，整天就是会吃！"听了这番话，孩子目光更暗淡了。

邻家妈妈的高招

点点幼儿园同班的小朋友有的喜欢看书，能看大半天都不烦；有的对各类昆虫感兴趣，喜欢去自然博物馆；还有的痴迷画画儿，画的东西很漂亮。每当听到这些例子，点点的妈妈很羡慕，但也明白这样的孩子毕竟是少数。点点是个普通的孩子，淘气、贪玩，喜欢听妈妈讲故事，但又经常坐不住。什么是点点的强项呢？细心的妈妈发现点点爱运动，小区的那些健身器材很快就都掌握了，唯独那特别需要臂力的天梯他还过不去，眼馋得不得了。于是，妈妈就每天都带他玩一会儿单杠、双杠，练他的臂力。渐渐地，妈妈发现，点点做许多事情都多了一份不怕失败的韧劲儿。

实用好方法

（1）平常多注意观察孩子做哪一类事情的时候最轻松、最投入。

（2）从孩子感兴趣的活动中帮助孩子发展出你所期待的品质。例如，孩子喜欢和小朋友一起玩儿，父母可以根据孩子交往的具体小事，启发孩子与人交往的原则，比如，不斤斤计较，和更多的人友好相处，自觉帮助别人，等等。

41. 有主见

儿童心理学教授霍林有一句名言："告诉孩子：有时候大多数人的意见反而是错误的。要敢于坚持自己独特的见解，不要因为害怕与众不同而发表违心的意见。"在这个时代，飞速发展的互联网技术能将一个平凡人的声音瞬间传递到世界所有角落，接下来的关键问题是：你能告诉世界什么？

邻家妈妈的高招

妈妈在小晴小的时候就利用各种机会锻炼她的自主能力，并且很注重让她表达感受。两岁半开始，每天晚上睡觉前，妈妈总会让小晴自己到衣柜前选择第二天穿什么衣服，并且让她说一说理由，开始小晴只会说"喜欢"，后来渐渐地能说出一些具体理由。外出购物的时候，买和小晴有关的物品时，妈妈也总会问小晴的意见，如果小晴说得有道理，妈妈就采纳，很多次小晴选的商品比妈妈最初选择的还好。在选择幼儿园、报兴趣班、使用压岁钱等方面，只要小晴的建议合理，爸爸、妈妈都会尊重。

实用好方法

（1）让孩子有机会在轻松的环境中表达自己的真实想法，培养孩子敢于表达的能力。不能要求孩子说出的话都正确，在孩子的表达中有什么问题时不能立即进行批评，因为这样容易造成孩子怯懦的性格。

（2）让孩子敢于、乐于表达的前提是，不管他的意见如何都能被尊重和理解。有时孩子的主见的确有误，这时，要了解错误的原因，找到合适的机会再向孩子说明父母的看法。

42. 摆脱压力，适当"知足"

让孩子度过一个快乐的、没有压迫感的童年，是培养孩子积极乐观个性的重要条件。积极乐观的孩子自尊心、自信心都比较强，乐于学习，情绪稳定。积极乐观还能促进孩子智力与意志品质的发展。

经典镜头

放学路上，妈妈询问滔滔今天的测验成绩，滔滔兴高采烈地告诉妈妈自己得了第二名，妈妈却迎头浇了一盆冷水："得第二名就沾沾自喜，不是还有比你考得好的吗？下次还要努力。"孩子原本高涨的热情一下子降到了冰点。

邻家妈妈的高招

有时候孩子会因为没睡醒而情绪低落，可是遥遥每天一睁眼，妈妈都会微笑着对他说："早晨好。"妈妈告诉遥遥："早晨开心，一天的心情会非常好，所以每天起床的第一件事情应该是微笑。"妈妈的情绪直接感染了孩子，渐渐地他也习惯了早晨微笑。遥遥还特别喜欢下五子棋，在幼儿园里总是能赢其他小朋友。有一天，遥遥和一位叔叔下棋，一连输了三盘，他有点儿委屈，不愿下了。妈妈看在眼里，在遥遥的耳边说："你已经非常了不起了，这个叔叔是远近闻名的五子棋高手，你敢和他对阵，够勇敢的。又学着新本事了吧。敢输的孩子，肯定有出息！"遥遥听了眼睛顿时一亮，转身又去叫阵了。

实用好方法

（1）一般人都知道不能当着孩子的面吵架，于是很多夫妻就采取了"冷战"的方式，殊不知这样对孩子伤害更大。家庭的气氛是很容易被孩子感受到的，怎样掩饰都无济于事。

（2）对孩子说话应讲究方式和态度。经常厉声厉色地斥责孩子，慢慢地孩子会对父母望而生畏，心情老是处于紧张状态，会影响孩子智力的发展，还会妨碍孩子与周围人建立起和谐的人际关系。

（3）应该经常开展一家人共同参与的活动，使孩子处于愉快的氛围中，利于培养孩子开朗、活泼的性格。

（4）夸奖孩子聪明不如夸孩子努力。努力是孩子能够感受到并能把握的。要经常引导孩子在完成学习、劳动的任务中，或在游戏活动中体验到"通过自己的努力完成了一项任务"的愉快心情，这种满足感，有利于孩子形成乐观向上的生活态度。

（5）教孩子整理心情。如果孩子遇到了不愉快的事情，可以教给孩子恢复愉快心情的一些具体的办法。比如，想想他喜欢做的事情，想想下次应该怎么做才能避开困境，或者换个角度在困境中寻找出对自己有利的一面。

（6）从小给孩子创造机会，让孩子自己动脑思考是养成开朗个性的捷径。在遇到问题时，父母应给机会让孩子自己先想办法解决。

（7）如果引导好了，孩子对于属于他自理能力范围内的事情都会有想尝试的欲望。但孩子还小，许多动作、技能都不熟练，可能会惹出一些麻烦。父母此时不能总是责备与制止，否则孩子就会退缩、不敢尝试，进而变得悲观。

（8）多给孩子在众人面前表现的机会，在孩子表现后，要接纳、肯定并赞美孩子的付出。肯定孩子与众不同的地方，在陌生人的面前鼓励孩子展现自己的长处，有助于孩子建立自信心。

第八章
培养孩子从小积极进取
的４个习惯

43. 敢于面对挑战

敢于面对挑战，超越自我，人生才能取得更大的成就。大多数人都喜欢一种熟悉、平衡的状态，而不愿面对挑战。孩子也一样，如果父母总是跟在孩子旁边，帮他擦汗、穿衣、喂饭、提包，那孩子就很难对没有父母的各种情况。

经典镜头

元元在家里或熟悉的环境里，表现得很活跃，还经常捉弄大人，但到了陌生的环境，适应起来非常慢，面对陌生的人和事总是表现得很畏惧。平时做游戏时，遇到一点儿困难就急着叫妈妈。幼儿园里要搞什么新活动，让小朋友报名参与，元元从来都往后躲。看到其他小朋友的积极表现，妈妈很发愁。

邻家妈妈的高招

因为乐乐从小喜欢积木和拼插玩具，塑料的、木头的……各种材质的，乐乐妈妈买了很多种。但乐乐妈妈不是一下子把玩具全交给乐乐，而是一部分一部分地给他，引导着乐乐搭或拼自己喜欢的物件，然后逐渐提升难度，让乐乐在游戏中不断地挑战自己的能力。有时乐乐表现出急躁情绪，吵着要妈妈帮忙，乐乐妈妈不会马上按孩子的要求动手帮他，而是通过巧妙的问话帮乐乐理清思路、发现问题，有时候没问上几句，乐乐自己就又有了新想法，开始了新尝试。当乐乐的尝试有了进展，妈妈还及时巧妙地鼓励："搭得好，看来这块积木横过来就不会倒了。"就这样，在妈妈的鼓励下乐乐对积木越玩儿越有兴趣。有时不按照说明图册上的方法玩儿，还会有自己新的发现。

实用好方法

（1）提供机会。对于孩子来说接受新的挑战有很多层的含义，比如面对新的环境，大多数的孩子能够快乐地接受，但是也有一些孩子内心会有恐惧，进而产生抵触情绪。这些孩子总把新环境的缺点和熟悉的环境的优点相比，不愿意接受新环境。父母可以在平时多为孩子提供接触新环境的机会，在孩子还小的时候可以只在口头上和孩子讨论，例如，你能不能到姥姥家去睡两天？接下来还要和孩子一起讨论在姥姥家和在自

己家不一样的地方，试着想一些应对的办法。这样孩子在真正经历环境变化的时候就会有心理准备，逐步地，妈妈可以进入真实的演练，可以利用出差的机会让孩子体验一下妈妈不在的新境况。

（2）多接触新伙伴。每带孩子到一个新的环境要鼓励孩子去接受新的挑战，也许孩子会发现在群体中的地位变了。如果孩子觉得自己不如其他的伙伴，父母要教会孩子调整自己，同时大胆地承认、接受自己的不足之处。如果孩子发现自己比别人强，要教会孩子照顾和帮助弱者。

（3）客观评价孩子的努力过程。孩子是否愿意接受新的挑战与父母给孩子的回馈方式有密切联系。父母在孩子成功时称赞孩子的努力，但在失败时却批评孩子的能力，或是过度注重孩子的表现，很容易导致孩子不愿接受挑战，同时在失败时较容易产生放弃的想法。因此，要培养孩子不怕挫折，父母在孩子失败时要鼓励孩子再努力，并且把重点放在孩子是否达到了学习目标，而非成绩是否优秀。

（4）想象胜利。当孩子遇到困难，不敢接受挑战时，妈妈可以引导他先在头脑中想象完成任务时的情景。这种"预演胜利法"，对于帮助孩子战胜内心的恐惧、愉快地接受富有挑战性的任务，会有立竿见影的效果。

44. 积极尝试

心理学研究结果表明，人在面对批评时，常常表现出不愿意尝试新事物的倾向。要激发孩子的创新意识，就要注意为孩子创造良好的环境，对孩子的失败和失误抱着理解宽容的态度，有利于孩子积极尝试自己的新想法。

经典镜头

菁菁妈妈总是要让菁菁听话、乖，上小学之前，这个乖女儿的确是不怎么让妈妈操心。可是自从上了小学之后，菁菁"听话"的优点有时却变成了弱点，常显得没主意和缺乏应变能力。老师布置的常规作业都能很好地完成，但是当老师留了开放性的、需要自主思考的作业，或要求学生提出自己的想法时，菁菁总是表现得不够积极、主动。

邻家妈妈的高招

顺顺妈妈很注意在孩子的成长中给孩子留出自主的时间和空间。例如，孩子和小朋友在一起玩游戏时，妈妈虽在一旁看护，但很少干预，除非孩子遇到困难主动要求妈妈给予帮助时，才会适当地提示。在这种宽松、自由的环境里，每次顺顺都玩儿得很开心，自主性、积极性很高，还总是能想出新花样来玩儿，甚至还会自己学着制定新的游戏规则。

实用好方法

（1）父母要善于发现、肯定孩子每一个幼稚的"发明"，鼓励孩子去创新。在日常生活中有意识地设置一些困难，保留一定的空间，给予一些条件，让孩子自己去发现、解决、创造。

（2）对于孩子一些新奇的想法和行动不要嘲笑或干预，而应多为孩子的逆向思维喝彩，给予鼓励和引导，从而使孩子能自主地完成自己的创造活动。

（3）培养孩子善于观察的能力。观察是创新的源泉，著名哲学家黑格尔认为，培养观察力的最好方法是教他们在万物中寻求事物的"异中之同"或"同中之异"。

（4）父母还可以用"假如……会怎样"的问题为孩子创造提出新想法的机会。

45. 不轻言放弃

有调查表明，童年没有尝过痛苦和挫折的人，成年后不快乐的概率可能更高。所以父母要适当地"心狠"一点儿，当孩子面对困难和挫折时，不要急于替他解决，而是鼓励他自己想办法战胜。

邻家妈妈的高招

从小到大，欣欣遇到问题，妈妈只是在旁边做一些指导，很少包办代替。欣欣摔倒了，妈妈不去扶她，让她自己慢慢爬起来；把鞋穿反了，妈妈不去管她，让她自己重新穿好。欣欣请求："妈妈你帮我做吧！"妈妈总是说："再想想办法，妈妈不能代替你！"欣欣 5 岁的时候，看到妈妈洗衣服前先将衣服分类，觉得很好奇，问妈妈为什么要这样，妈妈回答说："要将内衣与外衣、浅色与深色分开才洗得干净。"欣欣对此表现出了极大的兴趣，要求给妈妈帮忙。妈妈并未具体地指点欣欣该怎样给衣服分类，而是让孩子自己动脑筋。结果孩子按照自己的想法将衣服分类分得也很有条理。

实用好方法

（1）可以和孩子聊天，把自己关注的问题告诉孩子，听听孩子的意见，和孩子一起想办法，这种方式更容易让孩子接受。

（2）孩子独立想办法解决问题需要一个渐进的过程。在最初的阶段一定要帮助孩子分析面对的困难，可以说出自己的解决办法，以增加孩子的判断力。

（3）当孩子通过自己想出的办法解决了实际问题的时候，父母一定要及时对孩子的好主意和行为进行鼓励。

（4）父母自己遇到困难和挫折的时候，也可以将自己的感受以及克服困难和挫折的体验与孩子交流，这样能让孩子间接地受到积极的触动。

46. 坚持到底

陈安之是中国台湾著名的演说家、成功学家，他有着 25 岁零存款、27 岁存款超亿的传奇经历。有记者问他成功秘诀是什么，他毫不犹豫地说出了两个字："坚持"。失败会一直伴随着每个人的成长，在失败中迷失、退却的人很多，为了找到属于自己的天地，需要在失败中坚持下来。

经典镜头

亮亮经常说："我不会画！""我不会做！"这时，亮亮的父母为了不让孩子受委屈，经常立即让亮亮做别的游戏，或者简单几下替他做好。这使得亮亮越来越没有耐心了，无论做什么，常常遇到一点儿困难就放弃了。尤其和小伙伴一起玩儿的时候，这样的状况更加明显。

邻家妈妈的高招

美美在经历失败的时候，妈妈总是提醒她："其实失败能够给我们提供很多有价值的东西，每一次失败都可以说是下一次成功的开始。"美美爱下五子棋，一次输给了平时水平不如自己的乐乐，非常不服气，一推棋盘就不下了。等孩子情绪平稳以后，妈妈开导她说："其实今天你差一点儿就赢了！你在乐乐下最后一步棋的时候抬了一下头，没注意他把棋子放在哪里了，所以才输了。下次只要记住，注意别人棋势的动向就会增加赢的可能。"就这样，每次面对失败，妈妈都会认真地引导孩子从中找出前进的动力，久而久之，美美应对失败的态度也更加积极了。

实用好方法

（1）教会孩子从失败中认识和发现错误，不轻言放弃。例如，很多人都会遇到忘带钥匙的麻烦。在和孩子一起冷静处理困境后，更重要的是引导孩子思考问题到底出在了哪里，以后如何能避免出现同样的麻烦。

（2）每一次孩子经历失败的时候，不要急于帮助孩子从困境中解脱，可以先提醒孩子"再试试别的方法""再坚持一会儿"。这些话会给孩子带来解决问题的勇气。

（3）引导孩子重过程，轻结果。对于孩子而言，玩积木重要的不是在于他在玩具桌上是否搭出一个"完美"的积木塔，而是在于一次次尝试失败后，孩子仍然能够坚持做一件事情。

（4）要让孩子知道在学习、工作、生活中总会有些难处，当孩子在遇到困难还能坚持时，一定要及时对孩子的行为进行表扬。渐渐地，孩子会把失败看成挑战，而不是看成放弃的理由。

（5）要注意，有的事情孩子是容易坚持的，比如孩子感兴趣的爬山、游戏，而有的事情对孩子来说则有些困难，比如做家务、早睡早起等。开始可以从孩子容易坚持的事情上着手。

（6）每次给孩子布置任务的时候，一定要确定是否难度适当。任务太多、太难，孩子容易望而生畏，产生抵触情绪或者干脆没做就放弃了。对于一些难度较大的任务，可以分解成一个个小任务，孩子可能就乐于接受了。

（7）父母做事的态度很大程度上影响着孩子做事的态度。一个"三天打鱼，两天晒网"的家长很难培养出有恒心的孩子。另外，父母要用孩子能够接受的方式进行监督。比如，要求孩子每天练习弹钢琴，语气就一定要坚定，让孩子知道这是一件重要的事情，但也不能不停地唠叨，甚至强迫孩子。可以让孩子自己定出练琴的时间表，自己督促自己。

第九章

其他好习惯

47. 爱提问

在这个重视创新的时代，孩子的"为什么"比金子还要珍贵。有时父母希望自己就是一部超级百科全书，能轻松地回答孩子的疑问。其实，立刻给他们答案并不是激发孩子好奇心的最好方法，虽然这样可以增加孩子的知识量，但也会导致孩子习惯于被动地接受知识，这样做不能很好地实现锻炼孩子思维能力的目的。

经典镜头

小宇小时候爱追着妈妈问"为什么"，妈妈没有工夫来应对，经常随便敷衍孩子。就这样，孩子6岁时，问的问题明显减少了，妈妈却开心地说："我的孩子长大了，现在没有那么多幼稚可笑的问题了。"

邻家妈妈的高招

迪迪的每个"为什么"，妈妈都很认真地对待，因为妈妈知道这是孩子好奇心的萌芽。有时迪迪妈妈也怕万一自己应对不好，会阻碍孩子好奇心的发展。有一天，孩子问："为什么一天有24个小时呢？"妈妈说："呀，这真是个好问题，又把我问住了。为什么呢？咱们这个周六到天文馆找答案好不好？"来到天文馆，妈妈带着迪迪看了太阳系的演示模型和关于地球公转、自转以及为什么一天有24个小时的影片。回到家后，妈妈趁热打铁，一家三口一起玩了一个游戏：一个人当太阳，一个人当月亮，一个人当地球，然后模拟公转和自转。孩子对天文知识的兴趣一下被激发出来。一段时间下来，迪迪的视野开阔了很多，更积累了丰富的科学知识。

实用好方法

（1）对待孩子的问题首先应持鼓励的态度。孩子在成长的过程中会有不同的发展阶段，父母在回答孩子的问题的时候一定要根据孩子的理解能力来回答。父母可以适当利用一些故事或者比喻来给孩子解释一些难于理解的问题。

（2）孩子注意力集中的时间较短，情绪也易变化。孩子在发问时，是因为当时对该事物有强烈的印象，如果不想办法保持孩子提问的"热和劲儿"，过一会儿，也许孩子会把问题忘得一干二净。

（3）虽然孩子发问时，父母要以诚恳的态度回答，但也不要使孩子产生依赖心理。比"有问必答"更为重要的是，应该使孩子养成心中有疑问先自己思考的习惯。

（4）如果遇到不会回答的问题，父母要如实承认，不要误导孩子，可以和孩子一起查阅资料，孩子就会逐渐养成积极寻找答案的好习惯。

（5）父母不仅要认真地回答孩子的提问，还要适当地启发孩子提问，也可对孩子提的问题进行进一步的发问，以引导孩子思考。当孩子在父母的引导下自己得出答案后，也会很高兴，并会获得自信心和成就感。

（6）父母应答的态度也会影响到孩子的情感发展。孩子可从父母愉快、肯定的态度中感到安心，也会从厌烦、否定的态度中，感受到失去支持的不安感。

48. 独立思考

很多人抱怨社会环境太复杂，影视作品对孩子的影响太大，这个时候我们就会发现思想自主有多么重要。一个思想独立的孩子就不太容易受周围环境的影响，他们会向不正确的事情说"不"，这也许能让孩子的生命航船避开不少险滩、激流等危险环境，让他们按照自己的想法扬起生命的风帆。

邻家妈妈的高招

"妈妈，今天我们班天天的爸爸来接他了，天天的爸爸是个拄着拐杖的残疾人。"回到家，明明一脸认真地跟妈妈说，"很多小朋友都围着天天的爸爸看，有的还指着他的腿笑，很没有礼貌。天天虽然没说什么，但是我能看出来他很不高兴。"听到这儿，明明妈妈问："那你是怎么做的呢？"明明回答说："我拉住了几个我们班的小朋友，告诉他们这样做是不对的，这样做天天会伤心的。"明明妈妈笑了："你做得非常棒，妈妈真为你自豪。因为你遇到认为不正确的行为，能够勇敢地说'不'。"

实用好方法

（1）在教育孩子对不正确的事情说"不"之前，父母要先检查自己的行为。

（2）在生活的具体环境下教孩子说"不"，不能一概而论，比如在公共场合指出陌生人的不文明行为的同时，也要注意尊重别人。告诉孩子良好的态度更容易让人接受和改正错误，恶语相加不仅无法解决问题，反而会让问题更严重。

（3）教会孩子不要盲从，即使是小伙伴全都去做一件他认为不对的事的时候，也要坚持自己的想法。

49. 不虚荣攀比

德国作家尚·保罗说过："人生犹如一本书。愚蠢的人将它草草翻过，聪明的人却会将它细细阅读。为什么呢？因为聪明的人知道，只能读一次。"同样是半杯水，如果珍惜、感谢，就会觉得杯子里似乎有满杯水；反之，如果抱怨只有半杯水，就感觉似乎比半杯水还少。对待水的不同态度，会决定人生之水的丰盈程度。每个妈妈都希望孩子"人生之杯"中的"幸福之水"是满满的，但这取决于孩子能否珍惜已经得到的半杯水。

邻家妈妈的高招

炎炎妈妈是个知足常乐的人。但每一个平凡的日子，她都很感激地面对。每天早上，她都会对孩子微笑着说："快乐的一天又开始了，有那么多好玩儿的事情等着我们做呢，快起床吧！'每当孩子听到妈妈快乐的声音，也会高高兴兴地爬起来，微笑着对妈妈说："早上好！'同时，当寒冷的冬天在马路上见到乞讨的孩子时，妈妈也会提醒炎炎珍惜现在拥有的生活，并探讨如何能在力所能及的范围内奉献自己的一份爱心。

实用好方法

（1）当孩子也想买和小伙伴同样的玩具的时候，妈妈应该告诉孩子"知足常乐"的人生态度。

（2）让孩子体验得到的不易和得到所要付出的辛劳。

（3）告诉孩子只有拥有知识和能力，才能有机会去拥有宝贵的财富，财富不会从天上掉下来。

（4）引导孩子学会感激、珍惜自己当前所拥有的一切。这样孩子的心灵才会感到满足和愉悦，才能真正勇敢面对人生路上的种种考验。

（5）引导孩子从平凡的日子里发现美好的、有趣的事。

（6）教会孩子制定可行的目标，可以把孩子的愿望写成清单，一条一条地和孩子一起努力去实现。

50. 懂得理财

在美国、英国、日本等发达国家，越来越多的学校制订了理财教育计划，并将其列入学校的必修课中。这种教育的目的是让孩子从小懂得想要什么和需要什么的区别；懂得劳动与金钱的关系；懂得理性消费与储蓄。没有理财观念的孩子，将来很容易走两个极端：一是容易成为金钱的奴隶，认为金钱是万能的，只知道拼命赚钱，完全忽略健康、生命、亲情等更重要的东西；二是完全不理解金钱对于人生的正面价值，缺乏努力创造财富的积极的人生态度。

实用好方法

（1）从孩子学龄前开始教孩子认识钱，让他学会数钱。带孩子一起去购物，在采购过程中，教孩子看价钱，并让他们清楚地知道昂贵与便宜的区别、浪费与节省的不同结果，还可以让孩子了解购物预算等概念。

（2）付款的时候，可以把钱交给孩子请他支付。若孩子能胜任，不妨请孩子帮忙到便利店买盐、醋等日常用品。如果孩子完成得出色，偶尔可把找回来的零钱给孩子当奖励，不过奖励的次数不要太频繁。

（3）当开始给孩子零用钱的时候，可以教他们定期数数钱，陪着孩子一起记录下来。而当孩子会写数字，并具有基本的加减概念后，可以给孩子一个小账本，让他们学习如何记账。

（4）等孩子大一点儿的时候，可以为孩子立银行账户，教孩子实战演练储蓄，并让孩子自己保管存折。

（5）为避免孩子认为父母给零用钱是天经地义的事，父母不要无限制地给孩子零用钱，可以用做家务换取零花钱的方法让孩子明白，只有通过努力才能获得相应的金钱报酬。

（6）在提供给孩子金钱或物品之前，要很明确地告诉孩子应好好爱惜。若孩子因为疏忽损坏了物品，或发现孩子恣意浪费时，要让孩子认识到自己的错误。